私の非戦行脚

菅野　静枝 著

Sugano Shizue

学習の友社

〔目次〕

永久平和を願って

『永久平和を願って』の碑はスガモ・プリズン跡地の豊島区立東池袋中央公園に一九八〇年に建立された

父が兵隊にとられ、母と私は父の古里《ふるさと》・栃木県藤岡町（現・栃木市）に疎開した。平穏な田舎町のはずれで祖母は万屋《よろずや》を営んでいて、戦時下の記憶は東京下町の一九四五年三月一〇日、大空襲の夜の母と祖母の大騒ぎの声で、四歳の私は目を覚ました。真っ暗闇の森の上部が、くっきりと縁取られ、夜目にも鮮やかな赤い色調が様ざまに煌めき変化している。私は「わっ。蛍よりすごい！　きれい！」と叫んだ。やさしい祖母にこっぴどく叱られ、母は私を睨みつけた。

常ではないことはわかった。それが何事かは知らぬまま、泣きながら寝床に戻った。

七〇キロ先の私の古里が灼熱地獄の大空襲で『東京大空襲・戦争資料センター』調べによると、犠牲者は約一〇万人以上という人びとの命が、わずか二時間半ほどで奪われ、罹災《りさい》者は一〇〇万人に達したとある。

私が小学校に入学する一九四七年一月に父がシベリアから生還し、警視庁警官に復職した。まず母が、私は一年生の夏休みに東京に戻ることができた。父の職場は体制まんまん中の職だ。シベリア帰りは共産主義の洗礼を受けているとの念から「シベリア抑留者」への侮蔑があり、父はシベリアでの辛苦、さらなる帰国後の根深く抉られた心の傷を、いつしか女性に求めるようになった。

その相手が家に押しかけてくる。戦うことのできない気弱な母は姿を消す。その母が、私が二年生のときに赤子の妹を連れ、四~五か月の家出をした。以来、私は父の相手がやってくると「家には来るな。父だけと話せばいい」と追い返した。父にも逆らった。そんな私に母は「お父さんがまるで別人になり、シベリアから帰ってきた」と言った。そのような父母の間に、もう一人、妹が生まれた。

徐々に父の帰らない日が多くなった。

私が大学受験を目前にした一九五八年の大晦日も元日にも父の姿はなかった。それまでは物日ともなると山ほどの食材をさげての帰宅で、手際よく料理してくれ、家族五人で楽しんだのに――。

私に残されたのは非力な母と小学五年生と二年生の妹で、加えて、いまの金額にして三〇〇万円ほどの借金と高額家賃の団地居住費があった。

私は元日の夜に無理心中の強行を考えた。だが、果たせずに二日の朝を迎えてしまった。ためらったのは、何事も気づかず、父に不平を言うこともなく、静かな寝息の妹たちが切なすぎて首を絞めあげることができなかったからだ。

私には強運が待っていた。高収入のキャンペーンガールに選ばれ、全国を旅した。次も稼げるタレント業だ。どちらも若さが生かされた結果だ。

一九七二年、三一歳の私は銀座通りの喫茶店に勤めていた。ドア番をしていた私は四〇代半ばと覚しき紳士を案内し、注文のコーヒーを運んだときだった。紳士が手帳を閉じた。電通（広告代理店）のものだとわかり、「わっ。懐かしい！　私は電通傘下のテレビタレントビューロー所属のタレントでしたの」と言うと、「えっ……」と驚き、思わぬ出会いに互いが喜びを感じた。

紳士は帰りしなに私用の名刺を手渡してくれた。菅野武とあり、自宅の住所、電話番号がある。会社の直通電話番号もメモしてあった。

以来、月に一度ほどの食事の機会を得た。毎回三つのことを尋ねてくる。まず母のこと、次に愛犬のこと、肝心なのは次だ。「どんなご本を読んでいるの？」と聞いてくる。私はドキュメンタリー類を好んで読んでいた。菅野氏は興味深く、読後感を尋ねてくる。

菅野氏の父方の祖父は一九二七年に退役した陸軍大将と聞いていた。だが、母方の祖父が何者か知らずに一〇年ほどたったときだ。待ち合わせは銀座のいずれかの書店だ。私は文庫本の棚の前に連れられ、城山三郎著『落日燃ゆ』を指さされた。菅野氏は双方からの初孫で母方の祖父母宅で育ち、その家が空襲で焼失したために親元の満州（中国東北部）に戻り、引き揚げ後は本人を含め一家は、その祖父母の別邸だった神奈川県藤沢市鵠沼で五三年まで世話になった、とそのおりに聞かされた。

まさか、母方の祖父がA級戦犯で刑死した元首相・外相の廣田弘毅とは、実際、衝撃の一言だった。そのことを知り、『落日燃ゆ』を読んでも、当時の私には、悲運の宰相との認識どまりで、人はすべてが「時代の子」であり、菅野氏も自分が望み、そのような家系の子として生まれ出たわけではないとも思った。

私はいくつかの廣田弘毅関連の書籍を求めた。菅野氏の背景を知れば知るほど、一〇年間も私に告げずにいた重さを考えた。廣田への処刑の評決は六対五の一票差。また東京裁判開始早々の四六年五月一八日の祖母・静子の自死に菅野氏の心の痛みの深さを知ってしまった。

待ち合わせが常に書店だったのに……、同情を見せたり、それらの書籍の読後感を語るのはなしにした。私は菅野氏本人以外のことがらは知らぬ風を装う方がいいとの結論を出していた。

敗戦後の逆転した世間に翻弄された菅野氏は二〇歳の一九四八年一二月二三日の祖父の処刑、それ以前の一八歳の折の祖母の自決――。まるで地面の底が抜けた世界で悩み苦しんだ末の紳士が菅野武なる人物なのだ。

私たち二人は、まるで異質な「戦争」の深手を負っていた。それだからこそ二人ともが家庭というものをもてずにきたのだと考えた。また、男女の仲にもならずにいた。

菅野氏は母親を一九七一年、一部上場会社社長の経歴を持つ父親を八三年に亡くしていた。

八八年四月末で菅野氏は退職した。

その二年余ののちの九〇年一〇月一七日に私たちは結婚した。夫が六二歳、私が五〇歳目前のことだった。

菅野の叔父叔母、廣田の叔父叔母の皆が夫の独り身を案じ続け、諦めてもいたのだろう。ただただ喜びの声に満ちていた。若き日の夫が廣田家の愛あふれる、その家のあまりの儚《はかな》さを目の当たりにした奥深い苦悩を妻となる私で和らぐことへの期待なのだと、独り合点の私だった。

夫はある夕べ「しいちゃんはね、今日は三二回も『幸せ！』っていったのよ。お願いだから『幸せ』の連発は、もう明日にしましょう」と言った。私はすぐに忘れ、またまた「幸せ！」と幾度も言い、そのたびごとに二人して笑い転げ、夫は今度は数を声にし、三三、三四……と四〇以上を数えたはずだ。

夫はまるで私を、孫娘を愛《め》でるかのように扱ってくれ、穏やかな日々が過ぎた。

幸せな五〇五日後の九二年三月に、夫は死神に捕らえられた。脳外科の患者になってしまったのだ。

人はみずからの命の先がないと感じると虞れ、かつての恐怖の思いのなかに戻るという。夫もときおり、一七歳の戦時下になり、叫んでいる。私に言えずにいたことだ。「しいちゃん！　燃えてきた！　逃げて！」東京・原宿の廣田邸での山の手大空襲の夜になっていた。またつぎは親元の満州に戻り、ソ連兵に夜襲されたときとなり叫ぶ。「あっ。ソ連兵！　隠れて！　逃げて！　しいちゃん！　逃げて！」の大声だ。ただの一度も自分も逃げたいと言わない。寝返りの打てない体で、私を助けたい一心の叫びだ……。

在宅介護の許可が出た。導尿までして、互いに頑張った日々だった。

……夫は、九三年五月二〇日、旅立ってしまった。妻と呼ばれた月日は九四七日で終了した。涙も出ない。入院時に帰宅すれば涙におぼれ、涙が尽きていたのだ。

後追いを願った。だが、次つぎと事務手続きがある。冷蔵庫の中の果物まで腐らせ、生き延びたのは外出時に何か口にしていたのだろう。加えて、バブルがはじけ切っていない当時の土地価格を値踏みしての妻の座で得た財産をねたみ、夫を殺したのは私だとの電話が同じ人物から二度もあったり、面と向かい、いくらくらいの計算になるのか、預貯金はどれぐらいかと聞いてくる人までいた。はっきりとは言わずとも似たようなことが幾度もあった。

私はやさしさにはめっぽう弱い。だが、心ない言葉が投げられればなげられるほど、負けてたまるか！　死んでなるものか！　と心で叫んでいた。いわば意地悪な世間が私を死の淵から引き戻してくれていたのだった。

同時に夫を、私の父を苦しめた「戦争」を頭だけで知っているだけの私は「戦争」を知らな過ぎた己れに恥じていた。

私は、私の知らない「戦争」を知りたい。

知るべきが、私を妻にした夫への感謝の念であり、かつ、A級戦犯縁者の末席に位置した私の役割ではなかろうかとの思いが湧きでてきた。そして、決心していた。

一周忌の日から全国非戦行脚に出よう。そのことを夫の納骨日（三回目の結婚記念日）に参加してくださった方がたに告げた。反対されても私は私だ。行脚決行だ。だが、否の声はすべての叔父叔母の誰彼からも出なかった。私は精の限り夫を看取った。その無念のなせることと、私の旅を受けとめていたようだ。

三回忌の折には、長老の叔父が皆の前で、声を大にして励ましの言葉もくれた。女の身で、一人で旅することへの労い、辛い場面もあったろうとの気づかいと受け止めていた。

行脚は首長と、高校を主とした学校長との面談だった。そう決めたのは首長の発言力を頼みとしてで、学校長は、これからの国を担う若者たちにぜひとも私の旅の趣旨を伝えてもらいたいと考えてのことだ。

そうこうして、二七年余が過ぎた。訪ねた自治体数は六六九、学校長は一〇五人を数える。

それ以外は種々の署名活動で、さらに数段上回る数限りない「戦争」体験談を伺っている。知ってしまった事柄は実に多岐にわたる。山ほどある。「戦争」は体験者ごとの悲しみ、惨劇を知ることになった。

「戦争」とは極悪な地獄を展開する犯罪だと断言したい。

私は知ってしまった「戦争」がなんたるものかを伝えたい。だが、私はあくまで「戦争」には素人だ。その道の専門家でも研究者でもない。その私だからこそ、体験者は身構えることなく心に秘めていた事柄を語ってくださったと思っている。涙ぐみ、あるいは怒りをこめて、つらい話をしてくれていたのだ。また、私の立場というのは微妙なものだ。ごく親しく話す方、対極としての反感の気持ちを丸ごとにぶつけてくる人の大勢の存在も知ってしまった。

二〇二一年末で私は八一歳になる。その私でさえ、戦争の実体験はないに等しいと言える。「戦争」をまるで知らない世代が圧倒的多数となった。ひとつ例をあげる。私が書店役員だった今世紀初頭に、アルバイトの高校生が「えっ！　アメリカと戦争したのですか」と。それだからこそ、私は一人でも多くの人に伝えたい。それこそが生かされて今日の日のある我が身に課せられた使命ともいえる。私はそれがための夫との出会いであり、幾度も耳にした夫の叫び声だ。年ごとにあの叫び声が谺してやまない。

なぜだろうかと考える。体験者の多くが、この二〇～三〇年は、かつての戦前のようなあり様になってきたと口にしている。とくに近年の軍事費増強を考えると、合点がいく。

「戦争」は忍び足で、そっとやってくるのだ、とも体験者は異口同音におっしゃる。

二〇二一年の敗戦後七六年の、この先の次の年も、次の年も、また次も……と永遠に戦後であってほしい。

先ほど書棚から二〇一五年八月、九月の数日分の新聞を取り出し、安倍前政権下での戦争法（安保法制）に反対しての日々を振り返っていた。

同年八月三〇日は「戦争法案いますぐ廃案！」の声が全国でわきあがり、「戦争法案廃止！　安倍政権退陣！　国会一〇万人、全国一〇〇万人行動」で、私は国会前にいた。三一日の新聞報道では、一二万人が国会まわりに集結したとも報じ「安倍やめろ」と書かれた特大の白地に黒の文字があり、その上部には同じく白と黒の風船が数えきれないほどあがっていた。車道も歩道も人びとで埋めつくされてきた。

最前列にいた私は前方の機動隊員と後方の人びとの、どちらからも強く押され、ゆらりと体が揺れ、体重四〇キロの足元が浮き上がったようだ。圧死！　思った瞬間、機動隊員が素早く私を群から引っ張り出し、息を吐け、と言った。私を気遣う隊員に体をあずけるほかはなく、「案内します」との声にその場から地下鉄の駅まで連れられて行った。小声で隊員が「お気持ちはわかります。でも体が一番です」と言っていた。私は国会前、首相官邸前でも常に最前列にいる。

マイクを握り、話したことがある。最後に言った。「私の父は警視庁の警察官でした。皆さま機動隊員のご苦労は承知しております。ですが、次の選挙のときは決して、安倍政権よりに投票しないでください。亡き父も夫も戦争の深手を負って、いまは、そうです。空の上です。私の言葉を忘れずにいてください。お願いです」と。

常に同じ支度で参加している私だ。私を助け出した機動隊員に目をやり、もしや、あの折の真向かいにいた隊員ではなかろうかと道みち考え、別れしなに私は深々と頭を下げた。隊員は敬礼で応じてくれた。

国民の声を聴こうとしない安倍前政権だった。戦争法（安保法制）は九月一九日午前二時一八分強行採決された。

私の深い怒り悲しみを、どう表現するか、方法はただ一つ署名活動だ。賛同する団体が多数存在する。だが、私の立場はいずれにも属しないことが良となる。ただちに一人行動の「戦争法廃止」署名を始めた。すべてが対面方式で四一九五名の署名を得た。署名を呼びかけ、各人の体験談や思いを聞くことを試みた。なかには声がけした私が悪いと、小一時間も反対の念で、頭を下げる私を追いかけまわす人も時折いる。また、国会図書館前のバス停ではバスが来るまでの二〇分ほどの時間のすべてを大声で叱責され、わかりましたと応じても、独り言だといい返されもした。地元の駅頭では、なぜ声をかけたと、あまりの怒鳴り声に駅前交番の警官三人が飛んできて、その人物をたしなめていた。姿が見えなくなると三人の警官は口ぐちに小さく「大変だね」と言い、戻っていった。いずれの折も四〇代後半から七〇代の男性だった。

……次は、「安倍九条改悪NO！　三〇〇〇万署名」で、一五九七名の方が署名してくださった。ただいまも三種の署名活動中だが、新型コロナ・ウィルス感染下で思うような行動がとれなくなっている。
そんな昨今だからこそ、今は、「戦争」の痛みを伝える手立てとして、机の上の原稿用紙を相手としている。

治安維持法の犠牲者、作家の小林多喜二。ほかにも警察署で殺されたのは九二名で計九三名。獄死者は四〇〇人以上だ。

いまなら「戦争反対」と言える。だが、かつては命を捨てる覚悟の言葉で、その家族は世間づきあいもできなくなったのだ。

私は二〇一九年一一月に新宿区内で催された元特攻兄弟の兄・岩井忠正氏（九九歳）、弟忠熊氏（九七歳）の証言を伺った。兄は人間魚雷「回天」、人間機雷「伏龍」に、弟は爆薬を積んだモーターボートで敵船に体当たりする「震洋」の特攻兵だった。

二人がおっしゃる「戦争は間違っていると思っていたが、時代に迎合していた。歴史に学んでほしい」との言葉は、超高齢者の切実な声だった。

二〇四五年。一〇四歳まで生きたい

九月二〇日は敬老の日。私は二〇一〇年四月二二日に男性長寿世界二位、日本一位（いずれも当時）の京丹後市在住の九代・木村次郎右衛門氏にお会いした。

その折の話をしたい。四月一九日に一一三歳になられた方だ。私は以前から一〇〇歳は超えたいものと願っていた。それが木村氏の背筋をぴしりと伸ばす姿に接するうちに、いっそ一〇四歳の二〇四五年八月一五日、いいや九月二日まで生き抜きたい、と己れに強く言い聞かせていた。

私は、四歳で先の大戦の敗戦を迎えた。もしも出生地の東京・城東区（現・江東区）に居住したままならば、白熱の中で死んだに違いないだろう。

疎開先で、地獄を知らぬままに育ち、一九四七年に東京に戻った。成人してからも〝戦争〟〝平和〟そんな辛気臭く、小難しいことなどは、特別な人たちに任せておけばよいものとばかり思っていた。

だが、しかし、九三年五月に病死した夫が、死病の床で、戦時下と思い込み、叫び声をあげた。干支で一回り上の夫は、東京・原宿の祖父母宅で、山の手の大空襲を逃れ回った。のちに親元の満州（中国東北部）に戻り、ソ連兵の夜襲、引き揚げ時の体験、その後の厳しい現実を生きていた。それらのすべてを心の奥底に秘めたまま、〝戦争〟を知らない私の気楽さに、実は、おおいに安んじていたのだろう。ところが、死を前に、突如として負の記憶が噴き出てきた。平時の九二、九三年なのに。

私は夫の一周忌の日から四七都道府県を、先の大戦にこだわり歩き、今日になっている。

そして今は確実に思考する。私の生まれた四〇年の前後から、いいや、明治維新からの今日を思えば、〝平和ボケ〟などしていられない。

先に記した木村氏は、敬愛する郷土の二年先輩・倉岡愛穂氏を、治安維持法の名のもとに殺されている。日露戦争当時から、現代を生きる木村氏は、新聞二紙にくまなく目を通すことを日課とし、趣味の第一番はテレビでの国会質疑中継なのだ。

私が頂戴した四五分間を、木村氏は身じろぎもせず語る。

「この世にあってはならない唯一のものをあげれば、それは、戦争ではございませんでしょうか」

夫の叫び。各地で耳にした戦時下体験談。加えて、翁に近づきを得た私は、四歳で迎えた八月一五日が、せめて平和な一〇〇年間であってほしいのだ。

だから一〇四歳まで生きたい。

八月一五日を、おおよその人びとは終戦と言う。あれは、敗戦！　そして実は私は、その半月後の九月二日も迎えたい。九月二日こそが、日本国代表・重光葵氏がミズリー号船上で、世界に向け、敗戦の署名をした記憶すべき日なのだもの。

私は己れに合点する。木村次郎右衛門氏をまね、体を、それ以上に頭も明確に、ことを判断できる人間で一〇四歳を、いや、それ以上を生き、世の中の移り変わりを見届けたいと切に願う。

翁とは、一一四、一一五歳と計三度面談している。翁は一一三年に一一六歳で旅立たれた。一一二年にギネスブックが認定する世界最高齢になった。

私の非戦行脚

戦場での英雄

関東のある市長を訪ねたときだ。

名刺交換が済むとすぐにおっしゃった。

「実は、あの世までもっていくつもりのことですが、菅野さんには是非とも聞いてほしいのです。……長男と跡継ぎの男の孫を昨日の夕食後に私の部屋に呼びました。大事なことを話すから、しっかり聞いてくれ、と言いました。

二人は互いの顔を見、首を横に振り「『お父さま、縁起でもない！　そんな話はしないでください』『ぼくもそう思います。おじいさまには長生きをし、ぼくが結婚し、曾孫を抱いてほしいのです』と。遺言の話をすると思ったのでしょう。……いい時代になりました。平和がなにより一番です！　戦争、戦場はごめんです」

平時では非難されるべき事柄ほど、戦場では英雄視されるのですとおっしゃった。

「五〇人までは数えました。たぶん七〇人以上、いいや八〇人以上かもしれません。私は大量殺人者です」

切ない口調だった。控えていた秘書課長が、小さく「えっ！」と声を上げ「すみません！」とわびた。

市長は言っていた。

「大勢の人を殺した私だ。君はそんな罪を犯してはいない。断じて、いない。その君が私に謝ることなどありません」

私は急いで口をはさんでいた。「よくぞお話しくださいました。……戦場と平時では是が非に、非が是になるのですもの。さぞや……これまで……」

そっと頭を下げ、顔を上げると、市長の目をしっかり見て、無言で幾度も頷いていた。

ややあって、どちらも落ち着いたときに私は言っていた。

「どうぞ、どうかお心をおいたわりくださいませ。誰もがその時代その時代を生きる者。殺すか殺されるか、先の見えない日々を生き抜いたのですもの。お辛いことですね。当時は英雄でしたのに」

秘書課長は動けずにかしこまったままだった。

市長はその言葉に頷き返した。私がそれまで知った事ごとに耳を貸そうとしている。私は私で、伝えたいことのもろもろを話したい。

市長は言った。「さまざまな体験談を伺い、少しばかりこの身、いや、心が軽くなりました。歳です。必ずや息子たちに話しましょう。覚悟ができました。その機会を本日は得たということになります」と。

丸めていた背を起こしての言葉だった。

「そんな私が市長の立場として、です。『友好都市』締結に心がけることをしています。

まずは罪を犯したところからはじめ、さらに友好都市づくりをしています。一度たりとも不快な思いをしたことはありません。私の過去を察したのでしょう。むしろ許し、それがための友好都市を願いにきたと了承してくださる。実にありがたいことです。かつてのことをちらりとも触れず旅を終えられるのです。私は、この職にある限り、さらなる友好都市を……」

市長の顔つきが当初より、ずいぶんと柔らかくなっていた。

歳を重ね、命の重さが身に染みてき、かつての己れの行為を悔やむことになっていたのだ。

私は目の前の市長の心の奥底に黒く淀む澱《おり》が薄まることを願った。

約束の時間が過ぎてしまった。私は面談を承諾してくださったこと、秘めていた事実をうかがえたことの礼を述べ、頭を下げた。

市長は、にっこりと別人の笑顔になり、秘書課長に何事かをささやいた。一度、席をはずし、戻ってきた手にはいずれも机まわりで必要な、ささやかな品だ。ありがたく受け取った。辞退するほど高価なものではないのがいい。「友好」の意味を表現した小物類だった。

私は思った。一事が万事、ささやかな積み重ねで平時を保つ日々がある。

私は言った。「いいですね。よき記念になります。ありがたいです。大切にいたします」と。

つい、思わず握手の右手を市長に差し出した。市長の笑顔がさらに大きくなっていた。

飢餓地獄

ある県、ある村と書き、話を進めたい。

名刺交換をした瞬間から、常ではない話題になると直感した。何か特別な、それまでにはない異なりを感じたからだ。だが、素知らぬふうを装った方がよいと思った。テーブルの上には茶が置かれた。さあ、どうぞといった様子を右手で示す。私は、ちょうだいしますと応じ、ゆるりと茶を啜った。村長は大きく息を吐き、決心したかのように茶を幾度かに分けて飲みほし、これもまた無言で係を振り返り、扉の方へと目配せをし、見送った。

やや間があり、力のない声で、静かに言った。

「ご主人が実にうらやましい」と幾度も繰り返す。「私は、とんでもないことを……、人として……」――その次の言葉が出ない。

私は察した。大岡昇平著『野火』の世界だ。そうに違いない。どうしよう。元兵士であった村長を傷つけてはいけない。それだけは感じていた。

私は沖縄戦、ヒロシマ、ナガサキを話し出した。が、またもや「ご主人が……」と口にする。

私は思いきって、目の前の高齢の元兵士に言っていた。「もしも、です。私が男で兵隊にとられ……そのような立場に追い詰められたと仮定します。……生きるために、そうです。生き残って、この先も戦うためには、同じことをしたに違いありません。いいえ、断じて……私ならそうします」と。

村長の顔のくもりがほんの少しだけ薄れたように見えた。

「ほんとうですか、菅野さん。あなたもそうする、いいや、しませんよ。私は人間としてしてはいけないことを実際にしたのです」

私は切りこんでいった。

「黒ブタですか」

「そんな言葉をよくご存じですね」

そうして首を横に振る。

「それでは白ブタですか」

「ジャングルです。そこに生まれ育った人間を私たちが捕らえることなどできません。足で、力で負けます。白ブタですが、元気で、たっぷり食料の用意があります。そのようなアメリカ兵など、私たちは捕らえられる道理もありません」


黒ブタとは日本帝国軍隊が侵攻した土地の住民であり、白ブタとはおおよそがアメリカ兵のことだ。村長は首を横に振り、頷くだけだ。「はい」とも「いいえ」とも言えずに「戦友を……」とは、さらに言えるはずがあるわけがない。

人肉食のことを、私は頭でわかっていただけだ。「死んでしまった戦友」に決まっている。尻から……とも、いくつかの書籍で知っていた。私は奥底に隠していた、元兵士の責め苦の過去を暴いてはならないのだ。

そして、村長は私に告げた。

「このことを次の選挙で立候補し、話したとします。私は私に票を入れます。必ずやそうします。家内にはすべて打ち明け説得します。たぶん、家内はうすうす察しているようです。ですから私への票は二票でしょう。子どもたちは、どう説明しても納得してくれないでしょう。いまは時代がまるで違います。平和ですから……」

私は慌てて応じた。

「貴重なお話を伺えたこと、ありがたいです。私がお会いした首長のなかに同じ体験者が必ずいらしたはずです」

村長は大きく頷いていた。

別れぎわ、互いが頭を下げ、私はもう一度深々と頭を下げ、言った。「お願いがあります。どうぞ、どうかお元気で、そして長生きしてくださいませね」と。

帰りの車中、亡き父を思った。シベリア抑留時の話の折に、父は厳しい寒さを堪えたが、もっと辛いのは空腹だったと。私が読んだ書籍等々にはシベリアでの人肉食の件は出てこなかった。

手袋一双を二人で

一九九七年秋から翌春にかけて北関東全自治体を訪問した折のことを話したい。

午前はある市長、午後には隣接する街での町長との面談の約束があった。

市長とは一応、戦場での話が終わった。すると、突然、片方の手首から先のない手を差し出し見せた。私は小さく「あっ」と言った。

市長は慌てて、戦場では何ほどでもない出来事のひとつですと言い、つづけた。

「上官や仲間は何と言ったとお思いですか」

私に想像はつく。だが、どんな言葉を発しても、この場には不都合に思い、無言でいた。

「皆が皆、運がいいなあと、羨みます。後方支援になるなあ、と言うのです。命を捨てる。それが戦場ではあたり前で、同情などあるものですか。上官の許可を得、軍医のところに走りました。……戦争、戦場とは非情なる展開の連続です。実に私は運がよかった。運です。軍隊は『運隊』とも称します。『運隊』なのです」

私の血の気は失せ、眼を閉じ、ソファーに凭れかかってしまった。実は、戦後二年目の九月のカスリーン台風（死者一〇七七人）のときに、小学一年生の私は、疎開先から、東京・深川に戻ってすぐのことで、雨上がりの水位が二〇センチほどになった。そこをじゃぶじゃぶと下駄ばきで歩き回り、下駄と左足の間にガラス片が入り込み、深い傷を負ったのだ。その折のことがよみがえり、失態となった。

市長が「どうなさいました」と言っていた。私は我に返り、無様な様子を詫びたのだった。

市長は控えていた秘書課長に、私の茶を新しくするように、と言っていた。

別れるときに私は、「ご苦労なさいましたね。その分をお幸せに、どうぞ、長命でありますようにと念じます」と心をこめて言った。

私は最寄りの駅を五時の始発電車に乗ってきた。本来なら空腹のはずの昼時だ。どうにも食欲がわかない。そして、蕎麦をゆっくりとたぐった。

午後の訪問先の隣町には常のように一時間前に到着した。それは各自治体が発行している、その地元の人びととの戦争体験記に目を通す目的があるからだ。だが、まずは秘書に来訪したことを伝えなければならない。すると、町長室に入り、すぐに戻り、

「さあ、どうぞ」と案内された。ままあることだった。

私の立場を知り、是が非でも伝えたいことがある場合は、そうなるのだ。

挨拶が終わるやいなや、町長は片方の手首から先のない手を私の目の前にさらした。

「あっ！　あぁぁ」と、同じ日に二度目の出来事に声が飛び出てしまったのだ。これでは、午前中の市長のことを話さなければならないと、腹をくくった。

「実は、お隣の市長さんも片方の手首から先を失っていらっしゃいます」

町長の衝撃は大きいものだった。一息吐くと、静かな口調で隠しにかくしていたのだが、……まさか自分とは別の方《ほう》の手首が……と、そう言ってから、窓の方に顔を向け、隣の市の方角を見つめた。そして、幾度か頷き言った。

「私は学徒動員の現場でした。不慣れで機械にやられました。……回りの誰もが言ったのです。兵役逃れだ。全員です。私は軍国少年でした。そんなこと断じてするものですか。当時は皆がみな、軍国主義そのものです。同情者の一人もいません。私は許しを得、医者へと急ぎました」

そう言ってから、大声をあげ笑い出し、目を丸くする私に、よいことを知らせてくれました。最上級の皮手袋を買いますよ。二人で一双の手袋ですみます。また、笑っていた。

いま私は当時の手帳を取り出した。特別な事柄の折は最後の方にメモがあるはずだが、それがない。動揺のあまり書けなかったのだろう。もしや市長・町長ではなく、町長・村長だったかもしれない。それほど私は「軍国主義」の、なんたるものかも知らなかったのだ。

切り取られた七七本の小指

全国非戦行脚では挨拶状に添えて、ご自身、あるいはお身内の体験談をうかがいたいと手紙に書く。多くは私より年長者で、秘めていた傷口を抉じ開けることはなかなかできない。それでも願いがかなえば、知ってしまった事柄を伝えることも私の役割だと考える。

だからこそ強く思うことがある。

おおよその方が自身、お身内に起こった出来事のみが「戦争」だと思い込んだまま埋没し、他者の地獄は認識外となってしまうことだ。

「戦場、戦時下、戦後」は、各人に不均一な不幸を生み出している。

行脚を重ねればかさねるほど「自身やお身内の体験のみを通して、ことの九五%を考える」ということだ。自身やお身内の痛みには敏感だが、他者の傷には気がまわらないということだ。

一九九六年五月二二日、首都圏のある村を訪ねたときのことだ。村長は、はなから無愛想に挑む姿勢を見せていた。無論、私がA級戦犯縁者の末席にいることはわかっていてのことだ。

私は何気ないふうを装い「お話を伺えますか」と言った。「ある！　あるっていうものよ」と。そう言ってから、ぐいと茶を飲みほした。

戦場での、あるときに元兵士の村長は上官の命令で、伝令として走りにはしり本部に行き、戻ったときだ。部隊は修羅場の終極地だった。七八人の私の目前の元兵士を除き、七七人が全滅だった。

息をつく間もなく、必死に七七人の小指を切り取り、姓名を誤りなく書き、布袋に納めた。以後、後生大事として、生き延び、小指とともに生還を果たした。

敗戦数年後に、骨と化した小指を携え、遺族に届けるために各地へと出向いた。おしいただき、旅の労を家族全員、近所の人まで集めて歓待し、泊ってほしと言われたこともあれば、一方は受け取りすら拒み、真意はなにかと疑われ、追い返されもした。なかには、くどく、なんで一人だけ生き残れたと言って、いのち欲しさの伝令をかって出、揚げ句は軽い小指だけを持ち帰ったのかと、悪態放題もあったと言った。私はただただ聞くことに徹した。私を睨むように話す。私は頷き返すだけでいた。話が終わった。気がつけば茶も飲まずに耳を傾けたことになる。私に会うことを承諾したときから、腹に納めていたことをぶちまける機会としていたのだろう。

それにより、過去と決別できる。忘れたい遠い日が、溢れ出てしまった様子だ。私は言っていた。「大変貴重な、また大事なお役目をなさったことに感服いたしました」と。

村長はその言葉に、わずかな安堵を得たやも知れない。そう思えば私も多少救われる。村長は蔑《ないがし》ろにされた旅の怒りを私にぶつけてきたのだと感じていた。

「お時間をちょうだいできたことを、ありがたくぞんじます」――そう言い、場を離れた。

趣旨は違うが旅への発想は似ている。先方の対応も様ざまなことも、同感できる。なのに、終始、その村長は冷ややかであり続けた。これこそが前記の九五％論となる。

外は土砂降りの雨になっていた。郷土博物館が側にある。だが、あの村長の関係する施設だ。私の下町気質が否と叫んでいた。

公の職にあるなら、冷静さを保ち、私への行脚への問いの一つもあってほしかった。

帰りのバスは約一時間後で、大降りの雨は止む様子もない。構わずバス停へと歩いた。

車は容赦なく泥水をとばす。私は突っ立っている。こんな旅をし、なんになる。考える。私の行脚をわかる人にも大勢出会った。そんな繰り返しが数限りなくあってのこれまでだ。私は「戦争」を、十分に知ってはいない。この先も体と根の限り旅をしたい。

自分に檄をとばし、空を見上げた。もっと降れ、降れ！　明日は晴れると決めていた。

集団自決　金城重明牧師

非戦行脚と各種の署名活動で、なかでも「戦争法廃止署名」は四一九五名の賛同を得た。ということは戦場、戦時下の体験談を三万人ほどの方がたに伺ったことになる。わけてもいまは「強制集団死」と称される金城重明牧師の「集団自決」を思うたびに、ついに涙がにじんでしまう私がいる。

沖縄行脚は九五年の一〇日間、九七年の一〇〇日間だった。

九七年の折に、金城宅に挨拶状と手紙を送った。だが戻って来て、住所地を尋ねても住まいはなかった。あきらめきれず、八月二一日に電話番号を調べ、電話を入れた。ご本人が電話をとってくださった。私は立場を説明しながら戸惑っていた。

金城牧師は「あなたは戦争がいやなのですね。何をためらうのですか。早々にお会いしましょう」とおっしゃる。

二三日に証言の場があり、そこで会うこととなった。正午に会は終了した。金城牧師は私の昼食の用意まで整えてくださっていた。

四五年三月二七日に金城一家は、昼は米軍に見つけられてはならないと、豪雨の闇のなかを米軍の砲弾の恐怖に怯えながら、「集団自決」の集合地への七キロの道を歩いた。父親とは途中ではぐれてしまった。

明けて四五年三月二八日は、どんよりとした曇天の下の惨劇となっていったのだ。一六歳一か月の金城青年は父のいないなかで、兄とともに母妹弟を愛していればこそ、「鬼畜米英」に母を犯され、妹弟を殺されるのは忍びないと手をかけてしまった。金城少年は母を旅立たせた、そのときに悲痛のあまり号泣した、とあった。

そこでは三一五名の命が失われたのだった。

兄弟が死の順番を話しているときに、一人の少年が走りより「米軍に斬り込んで一人でも敵を殺して死のう」と。金城少年は皇国民らしくありたいと考え、その場を離れた。だがすぐに出会ったのは死なずにいた島民と日本兵の存在だ。強制集団死へと誘導した日本軍！　それまでは友軍と信じ込んでいた思いが覆された瞬間だ。そしてまた、死ぬ機会は訪れると思ったのだった。

私は尋ねた。「ところで妹さん、弟さんはおいくつでしたの」と。金城牧師は「妹は小学四年生、弟は一年生になるはずでした」と、さらりと応じてくださった。それはどの報道にも二人の年齢の記述がなかったからだ。

当日の夕刻に平和活動家にお会いし、その話を伝えたとき、しばし絶句し、ようやく口を開いた。「やはり大和の方ですね。ウチナンチュには、マスコミ人でさえ尋ねることはできません」と。

金城重明著『「集団自決」を心に刻んで』を発行している「高文研」は沖縄に関する本を多く出している。沖縄戦を熟知していればこそ、そのことは金城牧師のお心にまかせていて、私のように無遠慮にことを運ばないことに思い至った。

一〇年ほど前だ。金城牧師が那覇市内の病院に入院したお兄様を見舞った折のテレビ画面にテロップが出、兄弟は戦後、二～三度しか会っていないとあった。私はあらためて、ご兄弟の四五年三月二八日の行為に、どれほど自身を強く苛んだことかと胸を挟られていた。

同時に夫を思った。徒歩で一五分ほどのところに居住する弟と、ほぼ没交渉だった。互いが祖父母の廣田夫婦をそこに見出すからだろう……。

たまさか、金城宅に電話を入れることがある。最後に合言葉をお願いする。「二〇〇ファイト!」だ。金城牧師は照れながら小声で「二〇〇ファイト!」と応じてくださる。

人生一〇〇年時代。金城牧師には一〇〇歳を軽く超え、二〇〇歳を目指す心意気で長寿を願いたいとの私の思いがあるからだ。

沖縄県大田昌秀知事（当時）と県民性

一九九四年五月二〇日からの全国非戦行脚は始まった。北海道から南下の旅とした。東北のある県では知事多忙ゆえ、とのことで秘書課長との面談となった。終始、冷ややかで、まるで鬱憤ばらしのように「無駄な旅だ！　意味なし。五〇年前を掘り起こし、それが何になるのか！」と。

ある関東近県では秘書課長さえ顔を出さずに、若い課員が「お帰りください」だった。

はたして唯一、戦場にされた「沖縄行脚」ではどんな仕打ちが待っているのか、おおいにためらった。まして、私は空の旅ができない。

まず新幹線を利用しながら、西鹿児島からの船旅となる。ほぼ二四時間の船に揺られ、船酔いで胃がからっぽになっていた。

私の思いは杞憂に終わった。当時五三自治体のうち拒否は二自治体、他県では二割強を考えると、非常にありがたい沖縄行脚だ。どちらの首長も多くの体験談、お身内の話をしてくださった。

大田昌秀知事とは、初回九五年六月二六日には、一五分ほどの時間を頂戴できた。二度目の九七年六月四日は一一時三〇分からの面談となり、執務室の方が落ち着きますからと、プライベートな部屋に迎え入れてくださった。教室ほどの広さの、すべてのぐるりが書棚になり、分厚い書籍が並んでいる。

知事には外交権はないが、過重な基地負担を思考すれば、国に交渉し、さらには米国へも出向くとおっしゃった。

私でさえ、思う。日本政府は、はなから沖縄県を常に踏み台にしている。大和の一員の自身が恥ずかしく、申し訳ないの一言だ。

帝国憲法下で、一八九〇年（明治二三年）から、参政権を行使し、代表を国会に送ったが、沖縄県全域では、一九二〇年（大正九年）からだ。戦後の日本国憲法では、一九四六年から国政参加できたが、沖縄県では、一九七〇年なのだ。それは、敗戦で、沖縄県は日本から切り離され、二七年もの歳月、米国統治下にあったからなのだ。

沖縄県は、日本国憲法もアメリカ憲法も適用されなかった！　そんな時代があった。

私は、まるで知らないできた「沖縄差別」が歴然とあったことに、いまさらに知ってしまった。

そして、私が知事にお会いした当時も、いまも、沖縄県を蔑ろにしている事実が現に多々あるではないか。

私のようなささやかな立場に、知事は時を忘れて話してくださった。思わず、私は「貴重なお話をうかがい、ありがとうぞんじます。知事には午後のお約束が待っているかとぞんじます。お昼はまだでしょうから、そろそろおいとましましょうか」と申しあげた。

そして差し出す私の手帳に、佐藤一斉の「言志四録」から「堤二一燈一。行二暗夜一。勿レ憂二暗夜一。只頼二一燈一」と書いてくださった。

私はおおいに合点した。そのお気持ちで、日々、沖縄県をよりよい沖縄県であるようにと、心を砕いていらっしゃるのだ。

後に、私へ分厚い、あるいは大判のご著書が送られてきた。折々、それらの書籍を開き、私は「沖縄」を学んでいる。

沖縄では旅人の私にだれもがやさしかった。道を尋ねると、いっしょに歩いて案内してくださる。あるとき、向こうから警官がいらした。すると警官でさえ、踵を返してくださった。

バスの運転手さんも心があふれている。私が月桃の花を、まだ見ていないと言ったときだ。バス停でもないのにバスを止め、ある家の月桃の枝を取り、私に差し出した。なんと知らない家の月桃だという。驚く私に、「いいんですよ。ありふれた、どこでもある花ですから」と。こんなこともあった。帰りの時刻を伝えると、自分が終点まで行って、戻ってくるころと言い、また会いましょうと言った。まさしくその通りで、私に缶コーヒーをくださった。

どうぞ、皆さまも沖縄へ！

一九九五年　沖縄の少女と加害者

沖縄行脚二度目の一九九七年七月九日、私はある自治体の首長をお尋ねした。九時の約束で係に私の訪問を伝えると、何やらはりつめた雰囲気が漂うのを感じた。

首長の顔つきにも同様の様子があった。

儀礼的に名刺交換をし、互いが椅子に腰を下ろしたときだ。だしぬけに「二年前の少女の件を、どちらかの首長と話し合われましたか」と。「いいえ、ございません」と応じた。

首長は大きく、一息吐くと「実は当地での大事件でした。家族の方からすぐに報告がありました。忘れもしません。九五年九月四日、わずか一二歳、小学生の女の子が三人の米兵に襲われたのです」と。

言葉をつづけた。「役場をあげて、いいや、住民全員で少女を守り切ろう。とくに役場職員は彼女が成人し、女性としての幸せを手にするまで見届けようと、一致結束をしました。いまは、ただただ医師をはじめあらん限りの、支援に努めているのです」と。

私は尋ねた。「その米兵たちの体格、体つきは、どのような様子ですか」と。首長は私の真意をはかりかねた。そして「三人ともプロレスラーと見まがうような大きな男たちです」と。私の背丈は少女くらいのはずだ。小さな体の男が三人と、プロレスラーの体格では恐怖感はより大きくなる。少女の受けた衝撃はいかばかりか、私まで震えがくる。純な、たった一二歳なのだ……。女にならない幼い身で！　なんということだ！

首長は私の差し出す手帳に書きいれた。「闘いの先頭にはいつも平和を求める心があった。現在の日本、世界でも多くの人々が闘っている。その原点を私達は憲法に求め、人間性を求めたい」と。

事件の一か月半後の「県民総決起大会」が一〇二一日に復帰以来最大規模の八万五〇〇〇人が結集したのだった。少女の事件を我がことと考えての一〇月二一日だった。当時も、それ以来も、沖縄の現況は遅々としたままだ。

二〇一五年六月一九日は、国連総会が、毎年この日を『紛争における性的暴力根絶の国際デー』に指定するとの決議を、全会一致で採択した。

私は翌二〇日の、東京・岩波ホールでジャン・ユンカーマン監督のドキュメンタリー映画『沖縄　うりずんの雨』の初日初回を見るため、足を急がせた。

ある評者が、九五年の少女強姦事件の犯人登場場面に、吐き気をもよおしたと書いた。私もそうなるだろうと思った。首謀者の当時二二歳の海軍上等兵は取材拒否し、当時二〇歳の海兵隊一等兵は後に本国で女子大生を強姦、殺害して自殺した。ひとり海兵隊一等兵で当時二一歳のロドリコ・ハープが画面のなかにいた。

大柄な黒い肌をさらし、目元に力はなく、表情は物柔らかでほほえみさえ見せている。私は、元日本兵の罪の意識にのたうつ心に出会っている。そのうえでハープを見ていた。

ハープは、かつてのりりしい己れの写真をしばらくながめ、テーブルのうえに裏返しに置き「神の許しより、彼女は本当に許してくれるだろうか。教会に通っても、ぼくは地獄に落ちるんだ。いつもそう考える」と言った。

戦場の殴り込み部隊と称される海兵隊員。基地の島は戦場へのスターティンググリップなのだ。若い兵士は常に死の恐怖がへばりつき、逃げ道は、暴力、酒、男の本能へとたどりつく。それを若い体で存分に味わいたい。標的となった幼い肉体に男根を突きたてた。

同年一月一八日に、琉球新報社の東京報道部長・島洋子は、側聞ですが、と前置きし、私に「少女は現在は結婚し、子も成しています」と話した。

そして私は、画面の気弱そうなハープを見たのだ。

そのハープは「何がそうさせたのかわからない。何を血迷ったのか。やり直す資格はないのか」とつぶやき、いまや人間となって苦しんでいた。

沖縄県　山内徳信氏

全国非戦行脚をするなかで、私は意外な二つのことを知ってしまった。それは……。

富士山も桜も大嫌いだと口にする多数の戦時下体験者の存在だ。

富士山は米軍の爆撃機Ｂ29が、見間違うことない形の富士山を目標に飛んで来、空襲すべき各地に向かったからだ。

桜は、パッと咲き、日数をおかず、散りゆく。まさしく「『大日本帝国』が命を惜しむな、身を鴻毛の軽さに致す」、いわば「大日本帝国」を守るべく、命を捨てろ、国に殉ぜよ、と厳命していたからだった。

そのような世情のなかで、敗色が濃くなったときに、国の上層部は軍部の願うままに、本土決戦の先延ばしのために、沖縄県を防波堤として、日数を稼ぐことにした。

火ぶたが切られたのは県都・那覇市の一九四四年一〇月一〇日の「10・10空襲」

で、九割の家屋が破壊された。

「ありったけの地獄を集めた」と言われる四五年四月一日、米軍の本土上陸の沖縄戦で、県民の四人に一人が「鉄の暴風雨」で、また、うちなあぐちを使ったために日本兵にスパイと疑われたなどで、いのちを落とした。

私の沖縄行脚は、九五年の一〇〇日間、九七年には一〇〇〇日をかけた。各自治体を訪ねると、しばしば読谷《よみたん》村を訪ねたかと問われた。

のちに読谷村長となる小学生の山内徳信少年は戦場になったそのときに、父親が家族全員を集めて言った。「父に、それとも母について二手に分かれ、北へ南へと逃げる。各自が決めなさい。せめてどちらかが、いのちがあればありがたいことだ。……さあ、選べ！」と。

戦がおさまったとき、全員の無事が確認された。

奇跡の山内家だった。父親は「近所の皆が山内の一家は全員が無事だったと知る。だが、決して自分たちの口から言ってはならない。このことを忘れてはならぬ」と。

私はときおり耳にした。生き地獄を潜り抜けた人の多くが、「生き残った喜びはほんの一時で、いうに言われぬ、後ろめたさが残る」と。そして「生かされたこの身は何をなすべきか、そうでもしなければ死者に申し開きができない」と、異口同音の言葉なのだ。

その山内少年は長じて一九七四年に三九歳で読谷村長になった。

村の七割以上が軍用基地になっていた。

山内村長は言った。「村のまん中に役場を建てる」と。地図上では、そこは米軍読谷補助飛行場のなかだ。

ましてアンテナ基地を建設する計画が示されることになっていた。山内村長は米軍と掛け合いに出向く。責任者は決して会おうとしない。そこで、責任者がトイレに立つのを待ち構えることにした。それを新聞が報じた。すると大和政府から連絡が入る。「外交は国の専管事項だ」と言われたのだ。

だが、山内村長は挫ける意志など皆無だ。

私は推測する。「生かされた命の我が使命は、この読谷村の村長となった。それには何がなんでも村のために尽くすことだ」――その信念が根深くあったからに違いない。

交渉と抗議が飽くなきまでも続く。

結果、軍用地内に共同使用という形で、運動広場などが次つぎと完成した。ついに就任二三年後の九七年四月一日に新庁舎が完成したのだ。

私が山内村長にお会いしたのは直後の五月二九日だった。村長の仕事の三分の二ほどが基地問題だった、と知った。

村長は私を「読谷村役場」の碑に案内した。そして裏側に回り指さした。文章が長々とある。なかでも秀逸なのは「ついに村民の夢は実現した。アメリカ軍にも大和政府も読谷村の主人公は読谷村民だ。と、訴えつづけたい。村民の勝利」だと刻まれていた。

九八年一月には大田知事のもとで県出納長に、さらに二〇〇七年には参議院議員となった。

山内徳信氏は、いまや八六歳になる。悠々自適かと役場に尋ねると、平和活動中とある。

「人生の達人」とは山内氏のことだ。

ヒロシマで出会った人

ヒロシマを訪ねたのは一九九五年と九八年。九八年八月には一か月ほどかけて県自治体のすべてを歩いた。

宿泊先は、平和記念公園間近にある厚生年金会館だった。毎朝毎夕に公園の慰霊碑と、その先に見える「原爆ドーム」に手を合わせていた。日数を重ねるうちに靴を履いて歩くのが、そこに眠る死者に申しわけないと思うようになった。さりとて裸足にもなれやしない。

ある夕暮れに慰霊碑の側で嫋《たお》やかな七〇歳前後の女性と出会った。薄藤色のワンピース姿で、いまにも涙がこぼれそうな様子だった。

「どうかなさいました。あちらに腰を下ろしましょうか」——つい私は言っていた。

彼女の声は小さかった。

「ようやく、まいりましたの。あの日から五三年もたって、家は小一時間ほどのところですのに。……あたくしの命は、一～二年の……。ですから、まいりましたの」

差し出口とは思ったが「私はあちらに滞在していますの。私のベッドで一時間ほど横になったらいかがかしら」と言った。

ケロイドは見えないが、心が体が、ずいぶんと弱り切っているようで、こちらの方がたまらなくなっての言葉がけになっていた。

彼女がかすかに首を横に振る。言葉は無用だと悟った。私は、そおっと彼女の膝に触れ、そして離し、二〇分ほど隣り合ったまま慰霊碑の方に目をやっていた。

それから私は「どうぞ、お気をつけて、お帰りなさいませね」と立ち上がった。

そのときだ。彼女は私の顔を見上げるようにし、感謝の心なのか、私に合掌していた。

ドーム近くで、毎日のようにドームの絵を描いている男性がいた。幾度めかのときに、水彩画のために、そこの元安川の水を掬っているのを見てしまった。声をかける私に、彼は「この川の水を使いドームを描かなければならないのです。ピカで命を奪われた方がたが、……そうです。絵のなかで生かされるのです」とぽつりと言った。全体が淡い色調で仕上げられていく。「赤や黒の色は使えないのです。あの日から幾日も、いやというほど目にしてしまった色ですから」と。

私は、その方の絵が、どうしても欲しくなり、自宅宛てに送ってもらう約束を取り付けた。

五号の絵画が、いま私の手元にある。

その方は、原広司とおっしゃる方だった。

被爆者、沼田鈴子さんは平和記念公園で、語り部として体験談を語っていた。鈴子さんの左脚はピカのときの傷により腿下から切断されている。私は幾度となくお話を伺っている。集団の人が去ったあと、私は立ち去りがたく、一対一で、また書籍などで、鈴子さんの人生を知ってしまった。

婚約者は戦死された。またのちに未来を語り合った方は鈴子さんとの結婚を反対され、自死してしまった。

鈴子さんがピカ現地で語るようになったのは、八二年に欧米諸国を訪れ証言する機会を得ての、かつての高校教師の人前で話すことにためらいがなかったからかもしれない。

鈴子さんの生き方の見事さは、さらなる活動にあった。日本人の一個人として「先の大戦への加害者意識の持ち主」ということだ。松葉杖使用の身で、八九年にはマレーシアで住民を虐殺したことへの謝罪の旅。シンガポール、フィリピン、中国、韓国と出向くのだ。

別稿で、私は戦時体験者の九五パーセントがみずからの被害に埋没し、他者の痛みに思いならないと書いた。だが、鈴子さんは五パーセントの側の人だった。悲しみを幾重にも味わい、心の置き場を失い、結果の生き方なのだろう。

一九二二年生まれの鈴子さんは二〇一一年に旅立ってしまった。いまは合掌するのみだ。

ナガサキで出会った人

行脚で次つぎと平時では考え及ばないような衝撃的な過去に出会っている。

ナガサキには一九九五年と九九年には県内全自治体の訪問のため、ほぼ一か月間滞在した。

四人のシスターの方と面談している。

一番の驚きが一〇月末まで亡骸が路地にあったということだ。私は「八月九日のことです。八月の末では？」「いいえ」「では九月の末ですか」「いいえ。くどいようですけれど一〇月の末までありましたのよ」と。

他者にはその骸《むくろ》が誰ともわからずとも、身内なればこそ、かすかな名残の何ものかが助けになり、判別するやもしれないからということだ。また死者も、そうであってほしと願っているともおっしゃった。

ヒロシマ、ナガサキの二重被爆者は十数名ではないかと長崎市役所の方は応じた。確かな人数がわからないのは、混乱の当時のことで、ヒロシマでも、と伝える方がいらしても、ここは長崎市役所ですから、とそれですませたというのだ。

山本芳子さんの話がしたい。長崎市内で結婚し、ほどなくして夫の転勤で広島市内の社宅に居を構え、八月六日に死の恐怖を味わった。そして、早々に会社仕立ての汽車で故郷の長崎に帰ることとなった。「旦那さまは爆死と思われます。とにもかくにも長崎に戻り待つように」と言われたという。だが実家に向かおうとしたそのときに、またもや原爆投下にあった。芳子さんはナガサキでも無傷だったものの、実家の家族すべてが亡くなったのだ。旦那さまも戻らなかった。

芳子さんは皆の命をもらっての芳子さんだ。

私が訪ねたのは「恵の丘原爆ホーム」のロビーで、しきりに自身の部屋へと誘う。遠慮したものの、芳子さんの私室へ行った。まるで病院の二人部屋という様子で、違っているのは、縦長の洋箪笥《ようだんす》ふうのロッカーが備えつけられていることだった。

案内されて私がわかったのは、芳子さんが自分にも訪ねてくる人物がいると、同室の人に知ってもらいたいということのようだった。

芳子さんは私を引きとめる。私も時間の限り努めると決めた。帰りしな手製の「赤唐辛子の並んだ魔除け」のブローチをくださり、私の手帳に「まけて、たまるか」と書いていた。


一〇歳のときに被爆した下平作江さんは、様ざまなマスコミに登場する方だ。

作江さんの言葉でとくに印象に残ったのは「妹は死ぬ勇気を選び、私は生きる勇気を選んだのです」という胸が締めつけられるような言葉で、妹さんは二歳年下だった。

残されたのは姉妹だけで、家族四人を失っている。縁者を頼って暮らしたものの一年後には二人で長崎市内に戻り、バラック小屋をこしらえ、そこで生活した。一一歳と九歳の、一心同体の姉妹だった。

だが、敗戦一〇年後に妹さんは盲腸の手術をし、被爆によって白血球が少なすぎて、盲腸の傷口が日ごとに腐って、ウジがわいてき、取ってもとってもウジがわく、悪臭もする。包帯がなく、ボロ布で傷口を押さえる。膿が足にまで伝う。一八歳の年頃は花のときだ。

……結果、みずからの体を列車にくれてやったのだ。胴体だけが六月二三日の雨の降る夜に残されていた。鉄道自殺は車輪が服を巻きつけてゆく。盲腸の腐った部分が口を開けていて、作江さんは妹さんと判別ができたのだ。真っ裸の胴体だけの妹さんを作江さんは火葬場へと連れて行った。

線路の横には壊れて汚れた傘と汚れた下駄が、律儀においてあったという。

作江さんに「お姉ちゃん、一度でいいから白いご飯をおなかいっぱい食べてみたい」と言っていたという。

作江さんは、私の手帳に「下平作江」と書き、その下に「遼子」とある。妹さんだ。

作江さんのなかで遼子さんはいまも生きている。

有楽町ガード下の少女

『広辞苑』によると、「『パンパン』（語義不詳）とは第二次大戦後の日本でおもに進駐軍の兵士を相手とした街娼・売春婦を指した語」とある。

二〇一三年五月一〇日、私は浅草から隅田川にかかる言問橋を渡り、橋のたもとの「すみだ郷土文化資料館」の企画展『描かれた戦争孤児――孤児たちの心を表現』を見に行った。

孤児二名がみずからを描き、また孤児たちを訪ね歩き、彼・彼女らに代わり絵で表現している。思わず、目をそむけたくなる厳しい戦争孤児の現実がある。

絵のなかのひとりのパンパンの少女が私に「しっかり見てちょうだい」と、かぼそく叫ぶのを聞いてしまった。

涙をこぼし続ける私に少女が「泣けるのは幸せのうちよ。あたいには涙は残ってないわ」と、つぶやいているようだった。

その絵は、一九三〇年に浅草に生まれた狩野光男氏の作だ。自宅療養中の狩野氏とは二度電話で話すことができた。

その絵は、敗戦三年後、友人の妹に出会ったときを描いたのだという。氏は江戸狩野派の血脈を継ぐ家に生まれ、下町大空襲で家族のすべてを失った。友人の家も、少女一人を残して皆が犠牲になったと聞いていた。その、三つ四つ年下の〇〇子ちゃんと有楽町駅のガード下で出くわし、懐かしさとうれしさで思わず「〇〇子ちゃん」と叫んだ。すると、すっと少女は姿を消し、年かさの女の群れが鋭い目で狩野少年に迫り、慌ててそこを立ち去ったとのことだった。

絵の少女は、一三歳か一四歳、まだ中学生なのだ。

赤いワンピースに紫色のストールを肩から下げ、空色のバッグを持っていた。

裕福な家の子で、際立つ美しさが評判だったと狩野氏は言った。

地下鉄銀座線で浅草から銀座は七キロ、戦前の地下鉄は、精いっぱいのおしゃれを楽しむ乗り物だった。〇〇子ちゃん一家は銀座に出かけ、おいしいものを食べ、買い物をする。そんなきらめく思い出が山ほど詰まった街だったろう。

その銀座とは目と鼻の先の有楽町駅のガード下で、夜な夜な男に身を投げ出す「夜の女」になってしまったのだ。
○○子ちゃんは、初潮を迎えていたのだろうか。いいや、まだ初潮すら知らずにガード下の女になったに違いない。

三月一〇日の大空襲の夜が明けた。焦土と化した浅草の街を○○子ちゃんは飢えも忘れ、家族を探し回ったろう。闇が迫り、寒さと一人ぼっちの身には虞れで満身だったにちがいない。一一日も一二日も歩き回り、ようやく知った人に会い、握り飯を腹に納めたことだろう。

焼けた家の土地所有権、預貯金もあったろう。だが、日本中が喧騒の真っただなか、一〇～一一歳の少女にはそれを我がものにする知恵もなく、彼女に気配りする人物もいなかったろう。誰も彼も、まずおのれの今日を明日を考えるだけなのだ。

そんな日々に彼女の幼い美しさに心を奪われ、食べ物を与え、逃げ出すこともない彼女をおもちゃにする。彼女はそれが何事かもわからないまま、なすがままで飢えをしのいでの月日が流れたに違いない。

小説家、瀬戸内晴美さんが昔、何かに書いていた。女という性をもった悲しさは、七人、八人と男と肌を合わせる。すると、みずからを汚れた体と認識し、あとは捨て鉢の底なし沼に溺れこんでゆく。そのような趣旨を記していた。

○○子ちゃんは有楽町のガード下に辿りつくほかはなかったのだろう。姉御肌の「楽町お時」の存在を知ったうえのことだろう。お時さんはだれよりも○○子ちゃんを守ったたに違いない。

お時さんがラジオの深夜放送で吠えていた。せっかく、素人に戻っても、どこかで過去をほじくりだしてき、世間が、また、有楽町のガード下へと送り出すのだ、と。

戦災孤児・由美子ちゃん

戦災孤児・吉田由美子さんに出会ったのは、国会前集会の場で、彼女がマイクを手に、生い立ちを語ったときだ。淡々と感情に溺れない様子の意を知りたくなり、マイクが次の人に渡った瞬間に声をかけた。下町大空襲で父母と生後三か月の妹を失い、遺骨さえ見いだせなかったと言っていたのだもの。

初の語り部はふるさとの東京都墨田区の小学校で、大空襲の六六年後の三月一〇日、翌日一一日は「3・11」の日となっていた。

以後、私は彼女の催しのある会場に足を運ぶようにした。二人で話すうちに、彼女のふるさとと私の出生地は一キロの近さ、私が半年先の生まれで、旧姓も同じだ。気づくと「由美子ちゃん」「しいちゃん」と呼びあっていた。それは私は父が兵隊にとられ、母と私は疎開し難を逃れていて、出生地居住のままなら、私が由美子さんの立場になりえたかもしれない。

由美子さん母娘三人は、一九四五年三月一〇日の昼に疎開する、その準備のための九日で、三歳の由美子さんは近くの母方の祖父母宅に預けられることになった。が、一〇日〇時八分からの大空襲で、家族との今生の別れとなった。

由美子さんは「いのちの恩人」と称する叔母に背負われ、猛火地獄を逃げに逃げ生き延びた。

祖父母宅も焼失した。あとは母方のいくつかの親戚を頼ったものの、二年後の夏に、新潟県の父方の実家に預けられ、そこでも落ち着くことができずに、結果は会ったこともない父方の伯母に引き取られた。六歳になっていた。

その折に、母方、父方では六条の取り決めがあったという。二つをあげたい。双方は今後会うことならず。連絡無用ともあった。食糧難、物不足の当時、孤児は厄介者だったのだ。

伯母は言った。「お前も親と一緒に死ねばよかった。死んでいたら、お前を育てなくてもすんだ」と。家族の死を初めて知った。幼い心が堪えられなくなり、下痢が続き、粗相をする。伯母は由美子さんを雪の積もった庭に引きずり出し、裸足で立たせ、凍りついた水をバケツで何杯も繰り返しかけたのだ。

孤児のなかには預かり先の辛さに堪えきれず、浮浪児になったり、餓死、自殺、凍死、食中毒などなど、そのような時代が歴然とあった。

——伯母は夫への気兼ねもあったろう。また由美子さんは知らなかったが、かつて父親が出世払いで、その伯母に金銭を援助してもらい、果たせないままでの大空襲での死だった。

由美子さんは家族ではなく「お手伝い」の立場で、虐待ともいえる日々に耐えた。それでも通学は許された。彼女に「学校・学び」は大いなる喜びの場だ。救いはそこのみにあった。教師は気づいていたのだ。彼女に何かとやさしい言葉をかけ、卒業写真代を持参できない彼女に写真の贈り物をしてくれていた。

以後も伯母宅での由美子さんの日々は、厳しいものが続いていた。中学卒業時に伯母は就職させると決めてかかったが、担任と校長までもが来訪して伯父に進学をと打診し、高校進学がかなえられた。

高校卒業後にデパートに就職が決まり、寮生活者となり、自由を我が手にできたのだ。

上司たちは彼女の働きぶりを認め、大手メーカーの仕入れ担当者に同行もさせていた。

彼女は「恩返し」の衣料品を伯母宅や結婚したいとこへと送り続けていた。

長じて「命の恩人」の叔母をようやく探しあてた。だが、すでに他界していた。


現在の由美子さんは大きな活動もしている。全国空襲連共同代表なのだ。

二〇〇七年に民間空襲被害者一三一名の一員として、国に謝罪を求める裁判を起こし、一一年の東京高裁では陳述もした。だが、一三年に最高裁は上告棄却とした。次には超党派の議員連盟づくりへ、かつ援護法制定へと、運動している。

事実、孤児に対し、国はなんらなすことなしの今日《こんにち》だ。国からの救いが多少でもあれば、孤児を預かった側も経済的に助かり、孤児への心の荒れ具合も軽減されたに違いないのだ。

フランスでは孤児に対して年金があり、ドイツでは国内外の戦争被害者に補償・救済をしている。

母校は東京大空襲「遭難地」

私は大きく戸惑っていた。私は自身につながる「戦争」をあまりにも知らず、知らされずに生きてきてしまったことだ。

私は、東京・城東区（現・江東区）亀戸に一九四〇年に生まれた。翌年一二月八日が対米宣戦。警察官だった父が兵隊にとられ、母と私は、父の郷里・栃木県藤岡町（現・栃木市）に疎開した。

私の存在は大人たちにとって宝物だったと思う。しかし真夜中に怒鳴られ、震えあがった経験がある。祖母と母の大騒ぎ声で、目を覚ましたときだった。

二人が見上げる夜空を見た。漆黒のなかに遠くの森が浮かび上がっている。濃いだいだいの色がくっきりと縁取り、天空にいくごとに少しずつ少しずつ色がぼんやり変わる。ゆらりゆらりと揺らめいてもいる。私は叫んだ。

「わあああい！　お月さまより、お星さまより、蛍よりも、もっともっときれい！」

藤岡町から六五キロ南方、私のふるさとが焦土となった三月一〇日、「東京大空襲」だった。

灼熱地獄の火事場風が起こり、無数の烈火の大滝をくぐり、またくぐり、母の実家三人はようやく命を拾っていた。直後に千葉県へ、そして、祖父母の郷里・仙台に疎開したのだ。

私は、夫が九三年に亡くなる死の床で、戦時下と思い込み、叫び声をあげたのを聞き、以後、非戦行脚の日々のなかにいる。なのに、私の祖父母たちが必死に大空襲を逃れきったのを伝えてくれたのは、母の最晩年の二〇一二年だ。また母はあの前夜に祖父母宅に泊ったとも言った。

別の話をしたい。四七年一月に父がシベリア抑留から生還し、警視庁に復職した。小学一年生の私も夏休みに上京することとなった。

かつての深川区（現・江東区）猿江町だ。私の編入先は、教育熱心な父の考えで、隣の学区の毛利小学校だった。建物が「コ」の字型で、開いた一辺は貯木場（池）になっている。いかだがある。そこで水死体が揚がるのに騒いだ覚えがある。また校庭はアスファルトで、運動会は隣接の猿江恩賜公園となっていた。

五年生の進級時に、父は、友人の少ない私を案じ、本来の通学校の東川小《とうせん》学校に戻してくれた。当時は珍しいプールのある学校だった。

――大空襲から六〇年の二〇〇五年三月、記録展が都内各地で競って開催された。私はあちらこちらへと出向き、多くの事実を知ってしまった。

私の二つの母校は、焼死者が山なす「遭難地」となっていた。さらに東川小学校のプールには、猛火を逃れ、水のなかに避難した人たちが、マッチ棒が箱のなかで黒く焼けたかのように突っ立っている絵を見てしまった。

私は、それらの校舎で学び、そのプールで水に興じていたのだ。ことはそれでは終わらない。万国旗の空の下での運動会が行われた当時の猿江恩賜公園は近隣の焼死者が集められ、まだ埋められたままの悲しみの公園だった。

それだけではない。小名木川、横十間川、大横川でも、水で膨らみ、はちきれそうになった水死者を、私は幾度も見ている。

私は、その三月の各会場である事実を聞き出した。「ああ、あれは後追いですヨ」というのだ。私は確信する。いずれも大人が誤って、溺れてしまう場所では、断じてない。肉親や愛しい人の後を追って死んだのだ。

しかし、ただの一度も幼い私は、大空襲にまつわる話を耳にしていない。

さらに思い出す。疎開先から戻った二〜三日後だった。私を、男の子たちが囲み、両端が丸い、白い棒っきれで体じゅうをつつかれ、小突き回された。そのとき、彼らの、騒ぎで飛び出してきた大人も、私の訴えを聞いた両親も、あれが三月一〇日の犠牲者の骨だなどとは言ってくれなかった。

伝えるべき事柄が山ほどあるのに黙する。——戦争など望んではいないはずなのに、なぜだ!

だから、「戦争」を知ってしまった私は、行脚を終了するわけにはいかなくなっている。

最後の空襲と模擬原爆

一九四五年八月一五日正午に、昭和天皇の肉声（玉音放送）で、ポツダム宣言を受諾し、降伏するという詔書のラジオ放送があった。

その前日前夜にアメリカ軍は止《とど》めをさすかのように、秋田、桐生、伊勢崎、高崎、太田、熊谷、小田原、大阪、神戸、呉、佐伯、岩国、光、徳山を空襲した。そのおよそが、深夜から敗戦の日、一五日にかけてのことだ。

武士の情けなどは皆無の戦勝国アメリカの冷徹極まりない仕業だ。そのことは一五日の空襲、木更津、東京、神戸でも言える。いいや、私には表現する言葉が見当たらない。

東京は焼き尽くされた焼け野原で、B29が襲ったのは西多摩郡古里《こり》村だった。

木更津は九六年一一月一八日に市長・須田勝勇氏と面談している。だが、最後の空襲のことは耳にしていない。先日、市役所の係に連絡をとると、木更津港だと知った。実は国は、公的書類は焼却せよと命じていて、のちの心ある人びとが記憶を頼りに記録しなければ、あったことが無いことになってしまっている。

このことは全国的な事実で、一五日昼過ぎの東京の空は、燃えた書類の燃えカスが飛び散っていたと聞いている。

一五日の最大の被害地は神戸だ。

全一〇巻からなる『日本の空襲』の神戸の項では、山と海にはさまれた傾面の地形が敵にすれば効果が最大限に発揮できたと思われる、とある。

私は六六九自治体をお訪ねしている。

なかで「最後の空襲」を小一時間かけて、くわしくお話しくださった熊谷市長・小林一夫氏から、九六年三月一九日に伺った話をしたい。

一四日午後一一時三〇分頃より、約一時間にわたっての空襲だ。市内のおよその公共施設は焼失し、見渡すかぎりの焦土となった。明けて一五日の熊谷は、昨日とは一変していたという。市の中心部にある星川は、他の土地の川がそうであったように、火の粉や烈風から逃れるように川に飛び込む。そこで多くは死者と化してしまうのだ。

玉音放送時は真夏の太陽の下だ。

死者をそのままにしてはおけない。焼け残ったあらゆる資材を利用し、死体を焼き続ける。不発弾が爆発して命を落とす人もいたという。当市の二〇二〇年発表によると、死者数二六六名とあり、「熊谷空襲を忘れない市民の会」の『最後の空襲熊谷』が出版された。

私は各自治体で体験記を目にしているが、いずれにしても平時のいまでは思い及ばない「無残な死のあり様」に、やりきれなさを覚えてしまい、私の骨が刻まれる思いになる。


大日本帝国は、はなから資金不足、即ち情報不足、いな、情報皆無状態で戦へと突入した。

精神力を強い、また、「大日本は神国なり」と言い、「神風が吹く」と言い……。

また人びとも、せめてその言葉に身を委ねるほかなかったのだろう。

あたら優秀な若者たちをも、「特攻」という美名のもとに死に追いやってもいた。

ひるがえって、アメリカを思考してみよう。東京下町大空襲では、前もって、アメリカ本土に下町を再現させ、まずはぐるりと火の壁をつくり、逃げ道を塞ぐ、そこに焼夷弾を落とす。そうまでして一夜に一〇万人以上の命を奪ったのだ。

ヒロシマ、ナガサキにいたっては「模擬原爆」までつくり、実際に日本国内四九か所に投下しての実験までしていた。実験といいながらヒロシマの翌々日、ナガサキの前日八日に、四日市、敦賀、徳島、宇和島、さらに許せないのは一四日の豊田、春日井への「模擬原爆」を落としたことだ。死者も負傷者も想定し、すべては「残った兵器」は使い切るということだ。

これらの情報を知ったのは、NHKラジオ深夜便で、二〇一〇年八月一五日午前四時五分放送の児童文学者・令丈《れいじょう》ヒロ子さんの話でだった。

口を噤む人　あえて発言した女性

一九九六年一月二六日、一四九か所目の行脚で埼玉県幸手市の増田実市長と面談した。

市長は「待ちにまっておりました」と言ってから、「父が旦那さまと同じく戦争体験を口にしませんでした。それが病の床で、そう、旦那さまと同様に戦時下に戻り、病室が戦場になっていました。何事か叫んでいますが、言葉にはなっていません」と。挨拶状に添え、夫の死の床での叫びを書いていて、市長は「父親だけでなく、そのような状態に陥ることを知りました」と言ってから、「父親が秘めていた事実を暴くこともできるだろうが、ためらいがある」とおっしゃった。

私は「それでよろしいのではありませんか」と応じ、「戦争とは各人の心を抉りとり傷を負わせるものですもの」と呟いていた。

同年三月二九日は、同県東部のある市長とお会いしていた。一八五か所目の訪問先だった。

いずれのところにも、一時間ほど前に到着し、戦争体験集に目を通すことにしている。敗戦五〇年を期し、おおよその自治体が住民の手記を編んでいた。

ある高齢の女性の文章に目を奪われた。

彼女は他の人が書かないであろう事実を、あえてここに記す、と毅然としたあり様で、夫との性行為と、その後を書いていたのだ。

当初、ただただ夜の来るのが厭わしくて逃げだしたかった。昼はやさしい夫が激変する。

だが、あるときのことだった。突如、歓喜の海原、いや宙を舞っているような恍惚感を味わい、時が止まってほしいと思ったとあり、以後、夫よりも自分の方が夢心地の夜を待つようになったと記していた。

今回、彼女のことを記すと決め、市に幾度となく連絡を入れたが、体験談集が見当たらないとのこと。したがって、私の記憶で続きも書きたい。

その夫が、ほどなくして兵にとられ、戦死した。

子もいるが、若い彼女に言い寄る男性がいたり、再婚話もあったが、夫への操を通した。

夫を偲べば、他の男性に身を委ねることは彼女自身の心が、いや体が許してくれなかった。「『戦争』は性の喜びを奪った！」と書いていた。

そして、やはり夜が来ると、夫への思いで寝付けない。あるとき、ふいと考え付いた。

大きな漬物石だ。それを布団に包み、彼女はそれを抱きしめた。夫の体重とほぼ同じだ。

市長と面談の時刻が来て、市長と相対した。

市長が尋ねた。「体験集をご覧くださったそうで……。いかがでしたか」と。

彼女の件と察し、私は言っていた。「ヒロシマ、ナガサキ、沖縄県以外では、ほぼ兵隊にとられた、その折の話、そして空襲と食糧難で、ほぼ埋め尽くされています。ですが、一人の女性の正直なあり様に驚愕いたしました」と。

市長は大きく頷き、そして言った。「実はその御婦人は、今日は来ておりませんが、時おり私を訪ねてきます」と。

怪訝な顔の私に「一本気の方です。住民の方がたのあれやこれやが彼女の耳に入ります。すると何はさておき、ただちに、こちらにまいります」と。

とにもかくにも、市長に訴えに出向くという。いくら忙しくしていても、彼女は「私は暇人だから」と待ちます。そして一言でも二言でも住民の訴えを代弁して帰るというのだ。

市長室近くの廊下で待っている。いつしかそれが特別の事柄でないふうになっているのだ、とおっしゃった。

私は計六六九の自治体に伺っている。だが、彼女の書いたような手記にも、あり様にも出会ってはいない。

彼女は「お上」が定めた「戦争」で夫を奪われた。「戦争」に否の声を精一杯あげ続けて、その己れの信念で、市長という「お上」に住民の何事かに共鳴し、市長室前の廊下へと、やってくるのだ。

彼女の行為は、立派な非戦・反戦・厭戦行動なのだ。私は〝脱帽〟の念を覚えていた。

『オレの心は負けてない！』宋神道《ソンシンド》さん

一九七三年に千田夏光氏が『従軍慰安婦』を世に出した。長年にわたり、足で調べ歩き、未知なる分野を提示した書籍だ。

それ以前の六三年に千田氏が隣国の悲運な女性たち調べていることを知った。私たち家族が住む団地で、千田氏のお連れ合いと母が親しくしていて、母が耳にし、私に伝えていたのだ。

九四年から非戦行脚を始めたものの「慰安婦」関連は同性として切なすぎて、読めずにいた。だが、今世紀に入り、むさぼるように数かずの書籍に目を通した。女性たちが一日に相手するのは一桁ではない。二桁が当然で、ときには握り飯をほおばりながら、あるいは尿を垂れ流しながらの行為もあったというのだ。

戦場の「慰安婦」は堪えなければ命のない身だ。否の態度をとれば刃物が待っている。

いわば「性奴隷」である。

在日朝鮮人の元「慰安婦」宋神道さんが驀進《ばくしん》していたころの話がしたい。

一九九三年四月に日本政府に対して謝罪と補償を求めて提訴した。東京高裁は二〇〇〇年の判決で国際法上の国家責任を認めた。だが、宋さん個人の賠償請求権は否定し、訴えを退けた。二〇〇三年に最高裁で敗訴が確定した。

それらの顚末を映画『オレの心は負けてない』（安海龍《アンヘリョン》監督、二〇〇七年）が描く。「宋さんは人の心の一寸先は闇だ。オレは絶対に人を信じない」という人間不信の宋さんが裁判をたたかい過ごすうちに、他者への信頼とみずからへの自信を取り戻すさまを描いたドキュメンタリーだ。

その数年後の国会の院内集会に私は参加し、初めて宋さんに会った。国会議員も六〜七人いただろうか。弁護士でもある方に宋さんは吠えた。

「おめいら弁護士が偉そうな面を並べて頑張った。御託をしゃべった！　踏ん張りがもう一つだ！　だからオレは負けた！　裁判は負けだ！『オレの心は負けてない！』」。

『オレの心は負けてない！』宋神道さん

そんな宋さんに議員の方がたも常連の参加者も慣れている様子だ。だが、私はひっくり返るほどの驚きと強腰に興味を覚えていた。

帰りの出口で、宋さんに言った。「御苦労をなさいましたね。でもお元気で何よりです」と。すると私より小柄な宋さんの口から言葉が飛び出た。

「おめえ、ちびだなあ。なんして女子《おなご》のくせに短い髪の頭だ」

親しみの言葉と受け取った。

以来、宋さんの集いには幾度も参加した。一六歳で騙され、従軍「慰安婦」となり、七年間も中国各地を連れまわされた。日本の敗戦を知ったときは操に重きをおく古里には帰りづらく、元日本兵から民間人夫婦を装えば早々に日本行ができると誘われて決行した。だが、元兵士は日本に着くやいなや、宋さんを捨てた。

のちに宋さんは年配の同胞男性と出会い、宮城県女川町で暮らすことになった。人情味あふれるその人とは、男女の仲になることもなく、先立たれていた。

「3・11」で女川町を津波が襲った。宋さんは六キロのじぐざぐした山道を人に背負われ助かっていた。

三か月後の参議院会館で、元「慰安婦」の李容洙《イヨンス》さんも迎えての集会があった。大柄な李さんが走り寄り、宋さんを強く抱きしめた。

宋さんと李さんが大粒の涙をこぼしている。互いの痛みを芯からわかり合える二人の抱擁に会場の誰もが涙ぐんで見守っていたのだった。

その一〇日後は、宋さんを励ます五〇人ほどの会が新宿区内で催された。宋さんのこれまでのもろもろが語られた。食事も用意された。次は歌え踊れの場と化した。興にのった宋さんの左腕には無理やり入れられた「金子」の入れ墨がちらりと見えた。宋さんの右耳は軍人に幾度も殴られ難聴になっている。また脇腹に斬りつけられた傷は見ることはできなかった。「性奴隷」だった。その宋さんが大いに大声で歌い、次には踊りの狂喜乱舞していたのだ。

宋さんは、二〇一七年一二月一六日に老衰により、九五歳で旅立っている。くしくもその二〇年前の同じ日、元「慰安婦」たちが名乗り出るきっかけをつくった金学順《キムハクスン》さんが亡くなっている。

学校それぞれ

学校長一〇五人と面談し、うち五人の方の話がしたい。

一九九八年八月四日、広島市立本川小学校で、松井貴美子校長にお会いした。爆心地の三五〇メートルに位置している学校で、爆風と猛火で焼け残った校舎の一部が「平和資料館」になっている。そこへ案内されたときだ。校長が両手に力をこめガラスケースを揺すった。ケースのなかにはガラス瓶があり、なかほどでぴたりくっつき、曲がりくねり、オブジェのようになっていた。

一九四五年八月六日午前八時一五分の水が閉じこめられていた。もの言わぬ水だからこそ、私はひどく打ちのめされた。あの日……。

「水！　水！」と叫び、求めつつも飲むことの叶《かな》わぬまま阿鼻叫喚のなかで息絶えた人びとの姿がそこに浮かび訴えている。この瓶の水のあり様も、しかと伝えてほしと言っていた。

一九九九年八月五日、ナガサキの爆心地から、五〇〇メートルの地、市立城山小学校の村上光子校長と面談した。

一九四五年八月九日午前一一時二分の惨劇を話された。私の差し出す手帳にペン字で学校名と校長名を書いた。次に毛筆に替えて、黒ぐろと大きく「平和は城山から」と書いていた。

両校長は女性で、子を産み育てる命の重さを承知しての人事だ、と私は胸に刻んだ。どちらの学校も生徒の多くは命を絶ち切られた。いや、殺された。これからの先の長い人生を、わけもわからず果ててしまったのだ。

戦後が遠くなり、戦時下体験者の多くが、年ごとに、キナ臭い世になったという。ならばあえて「平時」の学校長の言葉を記したい。

一九九八年一二月七日、私は東京のある高校を訪問した。校長は「底辺校と知ってのことですね」と。私はあわてて頭を下げていた。

校長は力説する。「この学校は様変わりします」と。そう言ってから「まずはおしゃれをしたい年頃の生徒の制服を若者好みにし、ほかにも多くの計画がある」と続ける。さらに加えた。「決して子どもたちが悪いわけではありません。生育過程に根があります。立ち入ることはできません。ですが教師として責任ある態度で接したいのです」と。雪模様になりそうだったが、幾度も私を引きとめ二時間ほどたったときだ。湯気の立つ、少々いびつな肉饅が運ばれてきた。「明日は生徒たちに食べさせるために、本日は教師たち皆が下調べの肉饅です。どうぞ」と。愛を表現する心得と、私は嬉しくなりおいしく頂戴していた。

二週間後、千代田区の日比谷高校の河上一雄校長をお訪ねした。名刺交換が終わるやいなや、校庭に私を案内した。「国会議事堂、左右にある議員会館などを生徒は毎日、この高台から見下ろし、思うのです。いつかあそこへ、または大会社の主《あるじ》になることなどを思考します。名門の日比谷高校が学校群制度で散々でした。ですが変更され、この先が楽しみです。元の日比谷高校になります。きっとです」と。

二〇二〇年一月一六日、世田谷区立桜丘中学・西郷孝彦校長との約束がかない一〇五校目の学校だ。校則は絶無だ。実際、無い無いづくしで「平時」なればこそだ。

以前の桜丘中学校は荒れにあれた学校だった。二〇一〇年に西郷校長が就任し、異例ともいえる策を次つぎととり、現在の誉れある学校へと変えたのだ。校則とは思考停止でもある。そこで真逆な自由を与えた。自由を得るとは自己管理を伴う。そうすることは自身を高めることであり、同時に自己肯定感も高くなるのだ。

始業のチャイム、定期試験もない。授業中に廊下で自習してもよい。居眠りは教え方に難ありとなる。教室の出入りも、校長室でスマホの充電をし、校長と会話するのもありだ。

生徒手帳には「子どもの権利条約」がある。だが法治国家の一員として法律は守り、過失であっても弁償はさせる。結果、桜丘中学校はイジメもないという。注目すべき学校だ。

私は一生謝り続ける立場！

「中帰連（中国帰還者連絡会）」が一九九七年三月に季刊『中帰連』を刊行した。かつての中国で殺人鬼と化した己れらの罪を伝える〃認罪〃のための季刊誌だ。私は元兵士の体験談の場に折おり出向いていた。あるとき、都内で写真展のみの、現地での元兵士の姿と現在が展示してあった。来場者は少数で、女性はもう一人だ。目があった。私は軽く挨拶の様子を送った。

彼女が側に来て言った。「ずいぶん熱心に見学しているのね」と。

「こちらの元兵士の、ほとんどの方とお会いしてますので……」

彼女は「戦犯よね」と言ってから、私の身内もここに登場しているのかと聞いた。私は思わず大きく首を横に振っていた。すると、私の略礼装風の姿からか「A級！」と叫んだ。

「あんたね。命令のまま罪を犯し、処刑されたB・C級の人もいるのよ！　偉そうに格好つけて、あんたはこれから先、生きている限り、世間様に謝り続ける立場！　わかったわね？　一生よ！」

私はごくごくさりげない様子でいた。逃げれば追う勢いが見える。私はほかの写真の方へと離れ、さらに離れた場へと移った。

彼女の声が会場じゅうに響く。

「A級戦犯の……。そう、あの女、ちび女は、どこに行ったの！」

私はうまく、会場を後にすることができた。

彼女ほどの喚きではないが、首長との面談で似たような場面があった。一例をあげたい。

名刺交換もそこそこの、直後だった。

「戦争の話など、一切、耳にしたくない！　あんたの話も必要ない！　これっぽっちもない！　ああ、顔も見たくない！　まったく、あぁ、声を聞くのも嫌だ！」

思い出していた。それまでの訪問先で、不快な思いをたびたびしていたが、真正面から、小柄な女の私を相手に、こうも居丈高になる首長なる人物には〃衝撃〃の一言だった。

「なぜ、あんたに会ったかだ。その顔がどんな面か、どうやってくるのか、この目で確かめたかった」という言葉につづけて「なぜに会ったか。それだけを言いたかった。わかるか」と言った。

私は無言で、だからこそ真っすぐに町長の目を見つめていた。

「この出会いに感謝すべき高貴な、お方の……。それを伝えたいのだ」と。ますます私には何がなんだかわからなくなっていた。

「その高貴なお方を想像できるかね」――私は黙ったまままいるほかに術はなかった。

「天皇（現・上皇）陛下妃・美智子さま！　ありがたく、もったいなくも、こちらをご案内する立場をたまわったのです。お二方を、です。そのとき、かつての、ふっくらとしたお顔が別人のようにおちいさく細くおなりで……。どれほど、私どもでははかりしれないご心痛の数かずかと。とてもおいたわしくて……たまらなくなりました」

そしてつづけて言った。「立場、立場で余人にはまるでわからない世界があるものだ。それが言いたかった。だからこそ会ってやった」——そう言い放った。

私は帰宅の車中で、投げつけられた言葉の裏を考えた。ほかに何かあるのではないかと。

やはり、少々時がたってから、その町長が自殺したことを新聞の小さな記事で知った。

一〇〇万円の業者との不祥事があってのこと、とあった。首長たる立場で、一〇〇万円なら都合がつく額ではないか。命を絶つには桁が一桁違うのではなかろうかと考え、さらなる追及を逃れるための決行だったのではなかろうかと思うのだった。

私が出向いたあのとき、金とは無縁な「全国非戦行脚者」の私に、どこかやりきれない妬ましさを覚えての数かずの無礼三昧ではなかったろうかと思い至ったのだ。

またこうも考えていた。

悪に徹しきれない、根は善人なのだ。そえゆえの私への対応だった。思わず知らず、私は合掌していた。

『中国帰還者連絡会』

銀座大好きな私は、月に三〜四回は銀座のデパ地下に立ち寄るのを楽しんでいた。だが、二〇〇二年五月からは、月に二回ほどになってしまった。というのは、松屋通りを昭和通りの方に歩き、すぐそばの紙パルプ会館にある「おじちゃま」と呼びたい方がたの事務所が閉じられてしまったからだ。

そこには「大日本帝国主義」のもと、日本鬼子（リーベンクイズ）にさせられた元兵士の『中国帰還者連絡会事務所』があり、当番制で元兵士のおじちゃまがつめていて、その方の登場する季刊誌『中帰連』を求めに行っていた。事務所を訪ねるのは鍵をかける小一時間ほど前で、活字にするのも憚られる極悪非道の極《きわ》みを、私に吐露する場に多々出会えた。その後は、おじちゃまのお供をし、デパ地下めぐりをする。罪を認め、体験談を各会場で語り、『中帰連』で活字にする。それらの事柄を理解してくれる家族への土産として、まず例外なく甘いものを、次は夕食のおかずの数品を手にするのも全員に共通していた。

事務所は二〇〇二年四月に閉じられ、その意志を受け継ぐ会が各地に出来、戦犯収容所のあった地名に由来して『撫順の奇跡を受け継ぐ会』と称した。埼玉県川越市には、元兵士たちの基金でＮＰＯ『中帰連平和記念館』がつくられた。

私は一六年一〇月に、会館に電話を入れた。

生存者は九〇代後半で元兵士の方は一桁台となり、病床に伏すか施設入所で、証言可能な方は皆無と知らされた。

おじちゃまたちの姿のないデパ地下は、なお一層、その存在を意識させ、日々、老いる己れの罪深さに歯噛みしていると思えば、こちらまで胸をぎりぎりと締めつけられる。

以前、絵鳩毅氏からちょうだいした八八四ページの『帰ってきた戦犯たちの後半生』（一九九六年四月刊）と季刊誌『中帰連』九七年三月に刊行され、飛びとびだが二〇一六年八月の六〇号までが私の書棚にある。

おおよその表紙が元兵士の現在の写真で、その裏の「発刊の趣旨」に「私たちは

『人間――侵略戦争――殺人鬼――戦争犯罪――戦犯――人民中国の人道的処遇――人間的良心の回復』」という、強い反省に基づき、反戦平和と日中友好の実践を続けてきました、とある。「戦争の真実を語り継ぐ」の言のごとく、裏表紙には決まって『前事不忘　後事之師（チェンシーフーワン・ホウシーズシ）――前の経験を忘れず、後の教訓とする』とある。

実に見事だと受け取れるのはその裏表紙を繰ると「表紙の人」とあり、なかには若かりし勇姿？　の写真とともに兵士当時の出来事やその後の人生が記されている。『中帰連』二〇〇四年春号の「表紙の人」は絵鳩毅氏で、氏はそこに「前車の轍を踏むなかれ」と、〇九年六月にお会いした折に私の手帳に書き入れてくださった。

戦前、東京帝大で学び、卒論は「カントにおける人格性に就いての考察」だ。人間を真に人間たらしめるものはその人格性である――それがカント哲学の研究を通じて得た思想的信念となった。だが絵鳩氏でさえ、竹刀で兵士を殴ることにためらいのない軍人となった。

氏に実的刺突を行うべき命令が出された。

的は農民とおぼしき男性たち、そのなかに一四～一五歳の少年がいた。氏は書いている。

「彼は泣いて私に訴えた。日本の兵隊の良心に最後の望みを託して、必死に訴え続けた。私にも母親が一人で残っていて、私の帰りを待ちわびていた。この少年の叫びが私の心に痛く突き刺さった」

だが絵鳩氏は少年の叫びを無視した。そうしなければ、自分が殺されたかもしれないのだ。

絵鳩氏はこうも書いている。「好きこのんで人間を殺そうとするものなどいない」「『命令』の恐ろしさ」ともいっている。

戦争とは人間を殺人鬼にする。

加害者になってしまった元兵士が自身と葛藤している。煩悶している。悶《もだ》えている。あがいている。いまや、いるではなく、いたのだ。

絶対！　悪！

私は二〇二一年暮れに八一歳になる。

その私でさえ、先の大戦の敗戦時は四歳で、平穏な田舎町に疎開していて「戦争」への記憶はほぼないのだ。

私の住まいはL字型の路地にあり、戸建てにマンションが一棟で、用向きによって、いずれかの通りに出る。したがって、二言三言話す方が多数存在する。

数年前まではワンルームマンションの住人以外は中高年の世帯ばかりだった。そこに二家族の若い世帯が転入してき、三人のお子、二人のお子の姿が見られるようになった。

ある方と立ち話をしているときだ。三人のお子の母親が珍しく一人で通りかかり、会釈を交わし、私は思わず言った。「たまにはゆっくりお出かけなさいまし」と。すると「パパがリモートワークなのよ」と、大きな笑顔になり、立ち去った。

先ほどの方が、「ずいぶんとお親しくしていらっしゃるのね」とおっしゃった。

私は言った。「最初の出会いの折に、『宅の子たちが何かとご迷惑をおかけします。申し訳ございません』と。ですから、私は申しましたのよ。『お子たちが騒いだり、泣くのは当たり前のこと。それは平和の象徴。決して、けして、お気になさらないでね』」と。

そこまで言って続けた。沖縄戦では家を失い、壕に逃げ込んで、そこにあとから日本兵が潜りこみ、兵に壕を追い出されたり、残ったとしても子どもがさわいだり、また赤子が泣きわめくと、兵は米兵にこの壕を見つけられ、火炎放射器で全員が焼き殺されるとどやされ、母親が我が乳房で、赤子の息の根を止めたと伝えたのだ。

若い母親は「まあ！」と言ったきり、次の言葉が出なかったのだ。

私は続けた。「お子たちには、のびのびと好きになさい」と。

その話に、先ほどの五〇代で孫もいらっしゃる彼女は、まるで知りませんでしたとおっしゃる。かく、話している私も、沖縄行脚のまず一〇日、次の一〇〇日の旅で知ったことで、一般的には知らされていない事実が、沖縄戦（戦場）では、これでもかというほど想像を絶する体験があるのだ。いや、いまでも米兵による事件が多々あるではないか。

三人のお子との、その後を書きたい。

お子たちが笑顔で私に走り寄り、「ねえ、おばちゃま」と言った。「おばちゃまより、しいちゃんって呼んでもらえたら嬉しいわ」と言うと、声を合わせて「わあい！　しいちゃんだ、しいちゃん！」と言って走ってくる。

以来、私を見かけると、まるで友だちのように遠くからでも「しいちゃん！」と言って走ってくる。私まで若がえり嬉しくなる。

そのようにして私は「戦争」を、通観して伝えるように努めている。

「戦争」に関して、私は素人だ。だからこそ、各人に合わせる伝え方をしたい。それは、体験談を語ってくださった方がたへの感謝の念でもある。

何もかもが平時では起こりえない悲嘆の極みの出来事だもの。

私の行脚は一九九四年五月二〇日から。ということは、ほぼ敗戦時の四五年から半世紀がたち、胸の奥底に閉じ込めていた過去を吐き出す時期と合致していたのだ。

実際、家族には切なすぎて話せなかったと、つぶやく方がたがほとんどだった。無縁な、また再び会うこともないだろう私だからこそ、話せたのだろう。同時に、自分の命の先を計算し、話しどきとも思ってくださったかもしれない。私に話したということは、いずれかの折に伝えてほしいという願いでもあったはずだ。

と断言するのは、ただの一人として、私に口止めを申し出た人はいない。

結論は「戦争とは絶対！　悪！」

保守ハト派との「国は阿漕《あこぎ》だ」論

「大日本帝国」時代とは兵役拒否はできず、ちらり「戦争」に否の様子を見せれば罪にもなり、死も待っていた。戦時下の一般人の落命、生き地獄を脱し、四肢を失っても、まるで補償はない。戦災孤児は捨ておかれるままだ。

私の全国非戦行脚は九四年五月二〇日からで、七月四日、新潟県粟島の粟島村の神丸保男村長に会いに行った。

村長は開口一番、「お手紙をちょうだいし、この日までに四三五人の人口となりました。四人も増えたんです」と。過疎の、かつ離島では、なによりの喜びが移住者であると知った。

また、平時だからこそ、一人ひとりの命の重さが伝わってくる。うれしい話だ。

次は、戦時下の話題になると思ったが、まるで別の話の展開となっていった。

その去ること三〇年前の東京オリンピックの年の六四年六月一六日に新潟で新潟地震と名づけられた地震が起きた。

県北部の下越沖《かえつ》が震源地で、そこに粟島がある。もろに地震をくらい、島のぐるりが一メートルの隆起を起こし、粟島村全島の面積が大きくなったのだ。

私は言った。「地震の恐怖、加えて様ざまな損失、思ってもみなかった被害。でも、土地が広くなり、何かとその土地はお役に立ったでしょうね」と。村有地が広がったと思ったのだった。

村長の説明は意外だった。「土地は国有地になりました。面倒なことに数かずの出来《しゅったい》です。すべてを港というわけにもまいりません。あれやこれや別個な使い方となり、それらの面積を測量し、各省ごとへの借料です。変更があれば、また各省に届けなおす。小さな村役場にとり、それは実に厄介なことです」

隆起した土地を含め、周囲二二・三キロメートル、面積九・八六平方キロメートルの島で、交付金を考えれば、国の思うがままだ。

その話だけで、約束の時間が尽きてしまった。ということは、戦時下では、とてつもない事態はなかったと解釈していた。

別れしな、次はどちらへと尋ねられ、正直に応じた。「来週は後藤田正晴氏にお会いする約束になっています」と。村長は慌てて言った。「どうかこの話はなかったことにしてください」と、くどく繰り返していた。

だが私は、弱者の声を伝えることが知ってしまった私の立場ではなかろうか、ならばその相手は実力者ほどよいのだ――そう考えた。

羽田孜内閣が同年四月二八日成立した。永野法相は「かつての戦争は侵略戦争ではない」と発言し、厳しい世論が湧きあがり、任命一〇日後に辞表提出となっていた。その折に元副総理の後藤田氏が、加害者意識を持ち、歴史と正対すべきだ、敗戦を終戦とばかり言い、認識に欠けている、と述べた。

私は、我が意を得たりと、手紙を出した。翌日に秘書の方から電話があり、その翌日に本人直筆のハガキが届いた。「カミソリ」の異名は、これなのだと感じていた。政界の中枢で党の御意見番だ。その後藤田氏は「現憲法」が戦後どれほど有効に、日本の復興から繁栄をもたらしたかと評価しなければいけないともおっしゃっている。

相対した瞬間、生半可な知識で戦争を語るより、やはり粟島の話題と決めた。帰京し、いくつかの省に地震で水没した土地のあり方を問うと、そのような取り決めはないと知った。

後藤田氏は正直な人物だ。まるで知らない事柄だとおっしゃった。私は国を存続するために「阿漕なことをするのが国だ！」と加えた。氏がかすかに頷いたように見え、終始、柔らかな様子の方とも感じられた。つい、言ってしまった。

「私は先生とばかり申しあげておりました。別な呼び方でも、よろしいでしょうか」

「何なりともおっしゃい」

「おじさま。いいえ、カミソリのおじさま」

氏は天井が抜けんばかりの大きな笑い声をあげた。秘書が何ごとか、と飛んできた。

時間が来た。「国は阿漕だ！」の言葉に同意を得たと確信し、その場を辞した。

至誠一賢　若貧無名

全国非戦行脚で自治体訪問を重ね、思うことがある。

首長の職は利権につながる立場でもあり、肝に命じ無事に任期をまっとうしてほしいと願う。実際、お会いした首長で塀のなかに入ったのは一〇人、自死したのは一人。

知事、市長、区長の場合は全国報道になる。だが町村長は地方紙扱いで終わることが多いため、人数はさらに多くなる。確たる数がわからずじまいなのは、首都圏だけでも町長一人、村長一人の犯罪を知ってしまったからだ。

四七都道府県を歩いた感触では、人口数の少ない地方になればなるほど業者との関係が濃くなり、気づけば深入りし「後悔先に立たず」の言になってしまうのであろう。

長々と前置きしたのは九八年二月二三日に茨城県北茨城市の村田省吾市長と面談した折のことだ。当時の私は五七歳で、私より若く五〇歳前後と見え、誠実な人物であると直感した。

実は、と言って話し出したこととは……。

「一期だけならと強く約束し、市長に担ぎ出され、いまは任期半ばです。どうやらもう一期の声が大勢を占めてきています。たぶんそうなることでしょう。聞いてください。全国報道となり、ご承知かとは存じますが……。とにもかくにも腐りにくさりきった市でした。前任、前々任の一人はみずから命を絶ち、一人は塀のなかにいるのです」

私は知っていたが、真っ先にそのような展開になるとは思っていなくて、どう応じてよいものやら戸惑ってしまった。

市長は言葉をつづけた。「私は断じて、そうです。決して、手を汚したりしません。くどく申します。金輪際《こんりんざい》、深く愛する我が北茨城市を、腐った市にするものですか！　全国を歩き、大勢の首長とお会いした菅野さんですから、この場で固く誓います。我が市を守り切り、次の人につなげるのが私の役目です。わかってくださいますか。『非戦・厭戦・平和行脚』という、欲のないお方だから、恥を申しました。どうかこの先、北茨城市が、私の代から生まれ変わったことを見守ってください」

強い目でそう言ってから、さらに続けた。

「若輩者で戦争体験はありません。行脚でのお話をぜひ、お聞かせください。『戦争』の何たるかを知りたいのです」

私は、沖縄から話し出した。本土防衛の防波堤にされ、戦場になっていた。日本兵は「うちなあぐち」を耳にすると米軍のスパイと疑い、住民を殺害する。渡嘉敷島に代表される集団自決（強制集団死）。八重山では兵に壕を追われ、マラリアが猛威を振るった「戦争マラリア」と称される土地への移動で死に至った人びと。住民は日本兵に出会うことさえ恐れたことなどを話した。さらに本土では空襲のことが第一番の話題になるが、空襲とは見通しをよくして戦場にすると伝えた。事実、県都・那覇市は四四年一〇月一〇日の「10・10空襲」で九割の家屋が破壊され、戦場にされたのだ。

ヒロシマ、ナガサキも伝えた。「両市の惨劇は軍都で県庁所在地であったためではなかろうか」と。原爆孤児も生じていた。広島県の別側面の毒ガス研究の大久野島が存在する。それがいまは国民休暇村に指定されているのだ。私は「平和が何よりです」と結んでいた。

村田市長は、一つひとつの話を感慨深げに聞いてくれた。互いが真剣だったので茶がそのままだった。新しい茶が運ばれてきた。市長の最初の緊張した顔とは別な、学生のような面持ちになっていたのが心地よく感じた。

このような機会を得ると、行脚への念がいっそう増すというものだ。

後に知ったことだが、村田市長は三期も務めたとある。きっと市民の、是が非でも、の声に応えての一二年間だったろう。七〇歳で旅立っていた。精の限りの役目を貫いた人生だと推測した。

私は一九九八年の手帳を開いた。そこには北茨城市長と書き、名前に続けて、力づよく「至誠一貫　若貧無名」とあった。

群馬県上野村　戦場体験が役立った

群馬県内を行脚したのは一九九七年の秋から冬のことだった。首長の方がたから、上野村を訪ねたかと、しばしば問われた。

首長が他の首長のことを気にかけるのは、沖縄県の読谷村長・山内徳信氏（別項記載）以来のことで、抜群の行動力に魅せられてのことと思われる。九期目であることも考えれば、村民の信望の厚さも兼ね備えた存在といえる。黒澤丈夫村長に興味を覚えていた。

村長への初就任は六五年六月で五一歳、前年一〇月は東京オリンピックが開催されていた。

八五年〜九九年まで群馬県町村会長、全国町村会長は九五年〜九九年まで兼ねていた。全国山村振興連盟副会長も七一年〜二〇〇三年までも務めていた。

一〇期目も村長で、四〇年間で停滞していた村を、健康水準向上を目指し、村営の「高齢者専用集団住宅」、隣は「診療所」「介護福祉施設」「総合福祉施設」、それらすべてを屋外に出なくても行き来できるのだ。先進的な様子は全国から視察に訪れる有名な村でもある。

私はＪＲ高崎線の新町駅から、バスで二時間ほどの上野村役場を目指した。約束は一二月一三日一二時半で、公務と年末という多忙をきわめる時期で、わざわざ土曜日に決めてくださった。上野村の標識にほっとし、車外を見下ろすと、道みちに花ばなが美しくある。花は旅人をなぐさめてくれる。

合点がいった。八五年の「日航ジャンボ機・上野村御巣鷹山の尾根墜落事故」の一三回忌は四か月前の八月一二日だった。史上最悪の五二〇人もの死者の大惨事だった。制御不能の三〇分間は皆が皆、血の涙の出る思いで旅立っただろう。唯一の救いは四名が助かったことだ。

遺族の方がた、関係者は迎える花ばなに村の心づかいに魂がふるえる思いの感謝だったろう。

私は知らぬ間に目を閉じ合掌していた。

バスの乗客二人の会話で私は我に返った。「花はいいよなあ」と。

私は役場近くの食堂に入った。「道みちの花ばながきれいで、ありがたいです」と言うと、店の人は「せめて、そうするのがこの村の皆が皆の気持ちです」と。

上野村訪問は五〇〇番目の自治体となる。

少々緊張気味の私は、黒澤村長にお会いした瞬間、安堵した。目元が何もかも包むかのような柔らかさがある。八三歳と知ってはいたが、実に若々しくあった。

大惨事のさいの村民の活躍を報道で承知していた。私は「村を束ねる首長があってのこと」と申しあげると、「いや、いいや。村民の皆の頑張りがあればこそです」とおっしゃる。

それは『積陰徳』と、言葉にして私の手帳に書き入れ、別の欄には『積陰徳・心豊』とも記してくださった。

村の中心から現場は、奥深い山の道なき道の三〇キロも先を、消防団員一六七名が一五〇〇人もの機動隊員、また自衛隊員を案内する。生業をおいての連日の奉仕で、一段落したのは八月下旬という。各家庭も、関係者、報道陣への炊き出し、宿泊にと力を合わせたのだ。

村をあげての行為は悼む心があふれている。

村長は「『他人の助けによって生きているのだということ』を理解し、それに対する恩返しの心が生まれてきたことの表れだと受けとめています」と、穏やかな口調だった。

尋ねたいことがあった。黒澤青年は一九三六年（昭和一一年）に海軍兵学校を卒業し、海渾航空官とし「零戦（海軍零式艦上戦闘機）」の隊員だったこと。四四年には海軍少佐で華々しい活躍をしていたこと。三二年に海軍兵学校入学からの一三年間の海軍生活は死の危険も幾度もあっただろう。多くの死を目の前にした修羅場体験が八五年の大惨事に、平静に行動しえたのではないかと問うたのだ。

大きく頷いてから「いやあ、戦争は絶対にいけません。二度とあってはいけません。いくつもの惨劇に出会っていたから、自身を他者の目をもち役に立てたのです。消防団員を筆頭に、村民への感謝の、あの八月であり、上野村はこの先も、そうあるべき村です」と。

これこそが『積陰徳』と私は納得していた。

陸上自衛隊広報センター

『週刊　金曜日』二〇〇一年一一月九日号には「私たちは軍事報復と『日本の参戦』に反対します」という一四人の意見が二ページにわたり掲載されていて、私の『胸をはって戦争放棄を』もある。

「私のこの七年半は、非戦行脚の日々だ。だから頭のなかは昭和一〇年代、二〇年代あたりにある。すると戦時下ではない今日の一日一時《いっとき》一秒が、たまらなくありがたくいとおしい。

そこに米国への無差別自爆テロ。ブッシュの戦争に自衛隊が派遣されることとなった。

私には、日の丸の旗の、あの丸が、シュシュと音をたて、星形になり、星条旗の末席にへばりつきたがっているとしか思えない。

日本は独立国だろう。平和憲法を頭上に掲げ、胸を張り、戦争放棄の、この大国日本にしか行えない行動で応えればいい。私は叫びたい。愚かしい過去があったからこそ、この五六年間、日本は戦争の名のもとで、他国の人間をただの一人も殺してはいないのだ。同時に、米国はなぜに、あそこまで憎悪の対象になったかを、考えるときではないか」

アフガニスタン空爆への日米政府の支援策に否を私は書いたのだった。

さて、三年後の〇四年二月一五日に、私は「陸上自衛隊広報センター」訪問を期した折の文章が手元にある。

私の父は三人兄弟。全員が大正生まれだ。先の大戦のとき、後継ぎの長男は出征せず、次兄は戦死、三男の父はソ連に抑留され、のちに生還できた。これは当時のごくごく一般的なあり方だろう。

さて、今度は自衛隊のサマワ派遣だ。

日々の報道に目を凝らし、耳をそばだてるのだが、私にはわからない。合点がいかない。こんなときは、図書館に走る。区立図書館から貸し出し最大限の六冊を借り、また次の六冊と交換する。都立図書館にも出向いた。

頭はさらにこんがらがる。「人派遣」にうなづくことだけは断じてできない。私の身近に防衛省関係者はいない。そんなわけで山手線で池袋まで行き、東武東上線の和光市駅から徒歩一五分の陸上自衛隊広報センターに出かけた。

ほぼ五時間ものあいだ、係員の若い隊員が私につきっきりで対応してくれた。相手は広報担当だ。本音を言うわけはない。私は、あえて不躾な質問をし、また知識の貧しさで、ずいぶんと的《まと》はずれな問いかけもしたはずである。しかし、彼は律儀に応じる。途中で、つい先日、NHKテレビの特別番組でサマワ行きの隊員にインタビューしたテープもかけてくれた。私も家で見たものだ。やはり駐屯地の敷地内で、専門家の解説つきで見ると、いっそう身近に認識できる。彼は、次はレンジャー訓練を撮影した3Dをすすめてくれた。重たい装備を背負って泥水のなかを潜り歩き、一歩一歩と進める。険しい、すなわち危険な場所に次つぎと若者たちが突進していく姿がある。3Dの画面だからこそ、私の目を射、耳を鋭く抉っている。まして折おりに説明してくれるのだ。

聞けば、係員こそ、その特訓を受けたと言う。それも季節を代え、二度体験した。そのこと自体、優秀な隊員であることの証明だ。

仲間が何人もサマワに参加した。自衛隊員として「命令が下った以上」は、それが使命ですからと、きっぱりと言う。なんとけなげな！　と私は感じた。

「そのようなあなたたちだからこそ、決してひとりも死なせたくないの。殺人者にもしたくない！　小指の先ほどのケガもしてはいけない」

私は思わず涙をあふれさせた。私につられ若者の目もうるんでいた。「死にません。殺しもしません。元気で帰ります」と。

九四年五月からの非戦行脚で、三万人ほどの方がたの戦場・戦時下の体験を伺っている。ならば、折にふれ、「戦争」のなんであるかを伝えるのが私の役目と合点している。

随感記録

昨今、〝忖度〟という言葉がしきりと言われる。この忖度なる言を兵役と結びつけて考えると、非戦行脚中に各地で、より資産階級、社会的地位を有する子弟ほど免れていたことを知った。

各自治体の係が忖度した結果なのだ。

ずいぶん以前に、ある書籍で、敗色濃厚となった折に、多額納税者の子弟の兵役免除の声が出たが、立ち消えになったとあった。それはすでに忖度文化が徹底していたからだ。

父を考えた。祖父はそれなりに土地では知られた人物だった。だがすでに没していて、長兄は跡取り息子として兵役を逃れ、次兄は海軍に引っ張られ戦死している。父は三男で、シベリアから運よく生還した。当時は、このことが一般的な世間のあり様だったのだ。といって声高に話すものでもなかったという。

唯々諾々とする世の常が、戦後も長く続き、戦場体験、戦時下体験を語る人は少なかった。

それが敗戦五〇年近くなった九五年ごろには各自治体で体験記特集が出てくるようになり、ためらっていた人も、それならば、と第二巻を編集する自治体も出てきたのだ。

記しておきたいことがある。より厳しい体験をした人物ほど表現しない、できない人の存在があるということだ。

ごくごく稀な例を挙げれば金城重明牧師の「集団自決『強制集団死』」があるが……。

父が母と長子の私にただ一度きり、語ったことがある。「シベリアの寒さは、日本では考えられない寒さだ。それにいつも空腹だった」と。それっきりで、口と噤んでしまった。

だが私がシベリア抑留者の体験談を数多く目にし、耳にするうちに、わかったことがある。

夜になると、皆が壁の隙間を見つめ続ける。時たま小動物が入り込んでくる。すると、我れ先にと飛びかかり、争い、それを鷲づかみにするやいなや、口に放り込むのだ。

また、朝になると息の絶えた仲間が出る。すると、仕事前に満足な道具もないまま、凍土をこじあけるように少しばかり掘り、そこに、その人を横たえるほかはないのだという。


私は赤子で疎開したから、かつての古里・東京下町を知らない。母は承知しているはずなのに四七年に東京に帰って来ても、ただの一度も以前の東京下町がどうであったかの話をしたことがないのだ。


社会派の映画監督・山本薩夫氏のもとでプロデューサーとして活躍していた宮古とく子さん（一九二四年生まれ）と、ある会合で知りあった。

私は高校生のころ、東京寺島（現・東向島）で育ったといった。宮古さんは隣の向島だった。会で私を見つけると、向島はどうなっているかと度々聞いてくる。宮古さんは下町大空襲で焼け出され、それっきりの向島だ。私の承知しているのは戦後一〇年の、そのときのことでしかないのだ。

「ある時一度、ご一緒しましょう」と誘うと、「つらいわ。行けない。行ってはいけないの」と応じた。

実は宮古さんは武勇伝の主なのだ。

戦後のロケ現場は、どこでも暴力団の縄張りがあった。面倒見るからと言ってくる。要は金を出せとの裏がある。宮古さんは下町育ちの、べらんめいの啖呵《たんか》をきっていた。

「金儲けの、ちゃらちゃらした映画を撮ってんじゃない！　こちとらは貧乏所帯の独立プロ！　金はない！　世のため、人のため、俳優さんもほぼ手弁当で出演しているんだ！　それをわかっての料簡か！　すっこんでろ！」

翌日から、宮古さんには豪華な弁当が、ロケの最後まで届けられたと聞いた。

その宮古さんが、都内のその古里はそこにあるのに行けないのだ。私は、それで、お身内はいかがでしたか、などと伺えずじまいだった。

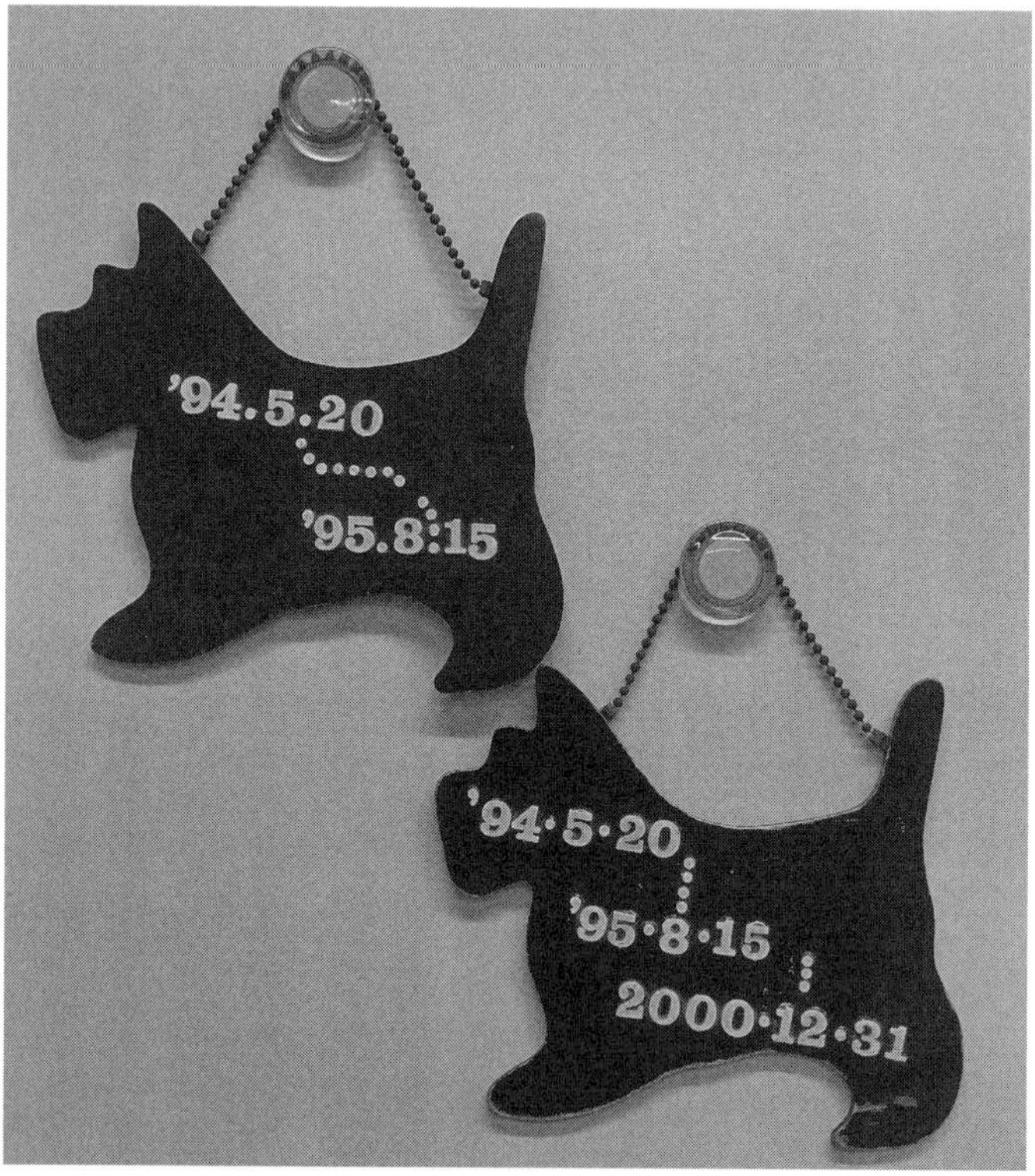

いつまで非戦行脚の旅を続けるかを示した菅野さんのバッグのアクセサリー。当初の「95.8.15」が「2000.12.31」に。それがまた延長されて今日にいたっている。

シロタ家とヒロタ家

ベアテ・シロタ・ゴードンさんが二〇一二年一二月三〇日に八九歳でお亡くなりになった。

ベアテさんの「シロタ家」とA級戦犯で処刑された元首相・外相の廣田弘毅の「ヒロタ家」のご縁を記したい。

一九九三年に病死した夫は廣田の初孫として二八年に満州（中国東北部）に出生し、その親元を離れ、廣田家の末っ子然として育っていた。

さて、第二次大戦前のシロタ家は、東京・赤坂檜町にあり、青山墓地を挟むようにして廣田家があった。

外国からの郵便物がさほどでない時代に、似かよった「SHIROTA」「HIROTA」の表記のために誤配がままあり、クリスマスの小包が間違って届いたときなど「シロタ家のプレゼントの方が中身がいいから、お返しするのは残念」などとの冗談も言える間柄だったと、ベアテさんの著『一九四五年のクリスマス　日本国憲法に「男女平等」を書いた女性の自伝』（柏書房。九五年一〇月刊）にある。

わが家には廣田に関する書籍はさまざまあるが、黙して語らずの廣田と同様に、夫も口を閉ざしていて、私はこの本から両家のつながりを知ったのだ。

著書によると、三九年、一五歳のベアテさんはアメリカ留学を望んだ。だが、入国ビザは国籍がオーストリアのベアテさんはナチ占領下にある故国での証明がとれない。加えて、三七年には日独伊防共協定が結ばれ、日米間も緊迫していた。ベアテさんの両親は手段を講じた末に廣田の助けを得ることとなり、廣田は即座にアメリカ大使館のグルー大使に電話を入れ、ベアテさんのビザがおりた。

留学があったればこそ、ベアテさんが敗戦後の日本に戻り、『日本国憲法』立案に参加して「男女平等」を強く訴え続けることができたのだ。

ベアテさんの存在がなかったら、女性の立ち位置は旧憲法に引きずられ、格段に低いものになったに違いない。ベアテさんの働きは、米占領軍の最大機密下のことだった。両親にさえ告げられていない。その重さゆえに、黙秘されて五〇年もの歳月を重ねた。

すなわち、四八年に刑死した廣田にして、また夫もともに暮らした叔父・叔母たちも、ベアテさんと現憲法のかかわりを知らずに旅立っている。

廣田への評価は真っ二つに分かれる。だが、縁者ゆえの甘さに加え、女性の一員として重ねて書きたい。

シロタ家とヒロタ家の縁があったればこそそのベアテさんの日本での活躍があった。そうでなければ……と考えるだけで、私の心は氷結する。

私は、敗戦を四歳で迎え、四七年に小学校入学。これは直前に教育基本法が新しくなった一期生でもある。

したがって、私の言動に、干支が一回り上の夫は言っていた。「しいちゃんは、戦後の教育そのもの、ね」と。実際に、私の支配者は己れでありたい。

なお、両家の縁にふれた書評や報道に私はふれたことがない。

パパとママは時空を超えた夫婦心中

夫の人生が暗転したのは一九四五年五月二五日二二時二二分からの「山の手空襲」だった。死者三七〇〇人ともいわれている。

東京・原宿の廣田弘毅邸に預けられ育った夫、一七歳のことだった。

表参道近くだと夫は言っていた。

あるとき、テレビに表参道が映されていて私は思わず「この通りの、どちら側の、どのあたりにお家があったの」と言ってしまった。

夫はテレビを止めた。「しいちゃん！　お願い。その話はやめにしましょう、ね」と、言葉が返ってきたのだ。

私からは廣田家に関する話は出さないと心していたのに迂闊だった。肝に銘じた。

そうだ。金輪際、繰り返さないと自分に誓った。

夫は月に六〜七回はゴルフで遠出する。その日は徹底して家じゅうを磨きあげ、家事のすべてをすませ、「廣田」関連の書籍をみつけ出しては読破していった。

なかで開かずの間の書棚の奥に隠すように北川晃二著『黙してゆかむ』（講談社）があった。最後部に「廣田の棺からは、血が流れていた」。残りは四行。私の息は詰まり、本を閉じても、しばらく動悸が止まなかった。

夫から、帰宅時刻を知らせる電話がかかる。帰宅の一〇分ほど前に、夫の好みの伽羅の香りを玄関内にただよわせ、先ほどの本のことなど知らぬ顔をし、夫に笑顔を見せていた。

それでも、時おり、その本のことが気になっては「なぜ、なぜに、血が……」というか私は、棺の下部の多くが血糊のようになっていたと思うようになってしまった。

……ある日の「お三時」のときだった。私はあることに思い至ったことを夫に伝えた。

常の私は下町育ちの活発な、もの言いをする。それが……そおっと内緒話のように夫に言ったのだ。

「パパとママの……お話をしてもいいかしら」

その先は戸惑ってしまった。表参道のテレビの一件が頭にあってのことだ。夫は訝しげに私を見ている。つぎにゆっくりと首を縦に上下させた。

「パパとママは……、時空を超えた夫婦心中。パパはあの瞬間、ご自身で舌を……」と。夫の目は見開かれ、次の言葉を待っている。

「……あのお、パパに関する、御本の、実は……、開かずの間の、ご本のことよ。書棚の奥に押し込まれていた、そう、よ。そのご本の『廣田の棺は……』とあって、ずいぶんあれやこれや考えてのこと……なのよ」

夫がママと呼ぶ祖母の名は静子だった。

東京裁判が開始されたのは四六年五月三日。一四日に静子は廣田と面会していた。別邸だった神奈川県藤沢市鵠沼に一家は戻った。何かのきっかけからか乃木希典大将夫妻の明治天皇の大葬当日の殉死の話題となっていた。一七日の夜のことだ。

実は、夫の母は廣田家の初子で、結婚相手は菅野尚一陸軍大将の次男だった。乃木一家は希典氏が少年時代に山口県下関市長府の菅野邸の一隅に居を構えていたことがある。乃木夫人の名も静子で、ママにすれば時代は違うが、どこか近しいものを乃木夫妻に感じていたに違いない。

ママは玄洋社幹部の娘として育った。夫のスガモ・プリズン行きにそれも関係してはいないかと思ってもいたろう。

加えて、廣田の時代の名を成した人物の多くが他にも女の存在があったのだが、パパはママ一筋の人だった。

……だからこそ、鵠沼に帰って話の中で、「わたしなら先に死ぬわ」と、口にしたのだろう。翌日五月一八日の朝には言葉通りにみずから生を裁ち斬っていたのだ。

パパはパパで妻の一八日の件を知らされて以降も家族への手紙はママ宛になっていた。

あくまでも「相思相愛」の夫婦なのだ。

……だから、私は「時空を超えた、夫婦心中」と、結論づけたのだ。

夫は私の話を、頷きながら聞いていた。そして柔らかな顔で言った。

「しいちゃんは読書家だけあって、冷静に読んで、よくよく考えてくれたのね」

そこで言葉を切り、ややあってから言った。

「パパとママは時空を超えた、夫婦心中だったのね。そう、よかった！　しいちゃん、ありがとう。ほんとうにありがとう。ぼく、ね、今日ほど、しいちゃんと結婚して、よかったと、ほんとうに、そう思うの」と。

主婦の「お三時」の後は、忙しい。とくに長い会話になった日は、なお忙しい。その私を幾度も呼び止める。たびごとに、先ほどの話を尋ねてくる。私も持論で応じる。

夫は新聞や小難しい論文雑誌やゴルフ雑誌、ときにはテレビに目をやっているはずなのに、心は宙にあり、心底、私の言葉を納得したいかのように私を呼ぶのだ。

とうとうその日の就寝時まで、夫は同様にしていた。

……が、翌朝はいつものように朝食をすませた。そして、見事なまでに、昨日のやりとりがなかったかのように一日が過ぎた。

以来、その話は一切出さないまま、夫は旅立ってしまった。

今回、北川著を探し出そうと、開かずの間から、家中、離れ家へと探し回った。だが、どこにもない。処分は絶対していない。なのにない。そして図書館で借りたのだ。

私は意味もなく亡夫により近づけたと思えてきている。

菅野静枝さんのエッセイによせて

纐纈《こうけつ》　厚《あつし》

著者である菅野静枝さんの御連れ合いであった菅野武さんは、歴史上にも名を遺す二人の人物のいずれからも初孫だという。

一人は戦前最年少で陸軍大将に上り詰め、台湾軍司令官や軍事参議官を務めた菅野尚一大将である。一般にはあまり知られていないかも知れないが、軍事史を学んできた私には馴染み深い、一時期高位高官を独占した山口県出身の高級軍人である。菅野大将は、昭和の時代に入って間もなくの一九二七年一二月に予備役に編入され、その一〇年後、日中全面戦争の契機となった盧溝橋事件の起きた一九三七年の一二月に後備役となった。それで対英米戦争には直接関わることがなかった。

もう一人は、極東国際軍事裁判（東京裁判）でA級戦犯に指定された七名のうち、唯一の文官として絞首刑となった廣田弘毅元首相である。廣田は城山三郎の『落日燃ゆ』（新潮社、一九七四年刊）でも知られ、テレビ作品などでも幾度も登場する著名な外交官出身の政治家である。廣田は一九三六年に起きた日本陸軍始まって以来最大のクーデータであった二・二六事件後、混沌とする政界にあって内閣首班を務めることになった。廣田は軍部との関係を強めながら、以後日本の針路を決定づける「国策の基準」を発表する。後の中国侵略行動への道を拓いたとする評価のなかで、東京裁判で極刑の対象となったとされる。

御連れ合いは、とりわけ廣田家に預けられて可愛がられたという。その廣田が絞首刑に処せられたことを御連れ合いは深く受け止めつつ、その壮絶な運命に戦後も苦しみ抜かれたとも。

そうした廣田が歩んだ歴史に触れる家族史のなかで、菅野さんは戦中派の一人としても戦後も戦争と向き合うことになった。戦前日本と日本人が、何故に戦争に巻き込まれ、被害と加害の事実に身を置かねばならなかったかを問い続ける戦後であったという。ただ、思いを巡らすだけでなく、菅野さんが行き着いたのは、被害と加害のいずれにも正面から向き合い、自分なりの解答を得ること。その方法として行き着いたのが、菅野さんがいう「非戦行脚」だった。

菅野さんは、僅か二年半の結婚生活の後、御連れ合いを亡くされる。その御連れ合いが病に冒されたおり、二人の生活のなかに戦争と向き合ってきた戦前の苦しみが襲う。それは御連れ合いの空襲下の恐怖であり、かつて中国東北の地「満州」でのソ連侵攻に震えた日々の出来事だった。

御連れ合いへの追慕の念から、菅野さんは、戦争への関心を強く抱くこととなる。先の戦争で傷つき倒れた数多な日本人と、その日本によって苦しめられ、圧殺されていった人々の存在。そのことを思いつつ、非戦への思いを募らせていく。

戦争を体験し、その体験を懸命に語り継ごうとする先人がいる。今では殆どの方々が八〇歳以上の高齢者だ。戦争が止んで久しく時が流れ、戦争の記憶が薄れていく。それればかりか戦争の事実を隠蔽・曲解し、さらには捏造までして、加工された虚偽の戦争史や体験談が、真実の戦争と向き合うことを阻んでいる。

先の戦争を肯定したり、侵略戦争であった事実を否定したりする声が段々と大きくなっているそうしたときにこそ、己の立場を踏まえつつ、みずからの言葉と行動を通じて戦争の何たるかを語り続けることは、益々至難の業だ。

本書は、菅野さんが二七年の間に訪ねた六六九の自治体、一〇五人の学校長との面談の様子を静かに綴った記録でもある。「戦争とは極悪な地獄を展開する犯罪だと断言したい」（「永久平和を願って」）と言う。そして、「戦争は忍び足で、そっとやってくるのだ、とも体験者は異口同音におっしゃる」（同）と面談者との思いを共有される。そこには強い平和への思いと、戦争への深い憎しみが込められている。

面談記録は全部で二五編に絞られた。それ以外のどれも収載に値する伝え残すべき面談内容だったろう。そこでは戦争に真摯に向き合いながら、現在としての過去を実に丁寧に問いかける。

面談者のなかには、語りたくても語れない過去がある。語るにははかり知れない勇気と覚悟がないと言葉に顕わせないと逡巡する人。思いのたけを一気に口にする人。様々だ。だが、そこに通底するのは、やはり語っておかないと同じ歴史を繰り返すのではないか、という恐れと不安である。

勿論、過去の体験を語るのか、沈黙を保つかは偏に個人の問題である。しかし、国家に翻弄され、みずからの生命を危険に晒され、戦友を失っていった人たちにとって、戦争体験の語りは個人の問題を超えたところにあったようだ。

二五編の面談記録は、どれも印象深い。数多出版されている戦争体験記と異なると思うのは、聞き手に回った菅野さんも、また同じ地平に立った戦争被害者であり、日本国民として加害の立場にも立たされた一人の人間でもあることに優れて自覚的であることだ。そこから感じ取れるのは、同じ課題に静かに、しかし確実に共同して向き合おうとする姿勢である。

何も無理やりに非戦の立場に面談者を誘おうとするのでは決してない。面談者も菅野さんの心温まる心配りのなかで打ち解け、みずからの心の奥底に沈殿していた本音を、ゆっくりと言葉に変えていく。決して絞り出そうとするのではない。真実と正面から向きあうことが、同時に非戦へと繋がっていくことを悟ったかの物言いが続く。

私自身も、いわゆる戦争体験記に少なからず触れてきた。著名な出版社から無名の出版社まで、出版社は様々だ。正規の販売ルートに乗らない私家版もまた多い。そこでは家族を含め周囲の方たちに知って欲しいという切実な思いが溢れている。勿論、なかには自己顕彰型のものも少なくない。その多くが戦争を語るというより、みずからの人生の一部を切り取り、みずからの存在証明の如くに綴られている。いわゆる過去を過去化する行為として。

だが、多くの場合、加害の事実をみずからの贖罪の証として、記録し伝承しようとする思いが貫かれたものだ。常に問われるものは、いわゆる戦争を語る主体の位置である。それに絡めて言えば、本書は実に特異な範疇に入る貴重な一冊だ。

私が感銘を受けたのは、面談者の悲痛な戦場体験を聞き手である菅野さんが、目線を反らすことなく正面から受け止めようとする真摯な姿勢と勇気だ。悲痛な体験は戦場に限らない。銃後でも戦場と変わらない過酷な運命を強いる場であった。戦争の時代に戦場も銃後もなかったことを面談者は語り続ける。

そして全編を通じて問われ続けるのは、戦争体験の単なる伝承に留まらず、数多の日本人が加害責任に無頓着であることに正面から切り込んでいることだ。「戦争体験者の九五パーセントがみずからの被害に埋没し、他者の痛みに思いならない」（「ヒロシマで出会った人」）と菅野さんは記す。

戦後日本の歩みは新憲法と共に始まった。日本の内外に塗炭の苦しみや悲しみを引き起こした戦争。それは前線であれ銃後であれ、そして日本に侵略された数多の国家や地域であれ、変わることはなかった。

日本の戦争は、昭和天皇による「終戦の詔書」で終わったわけでもない。ましてや九月二日の連合国軍への降伏調印式で片付いたわけでも勿論ない。

八月一五日を境に一斉にではなかったけれど、戦闘終了の合図とはなったが、戦争そのものは終わっていなかった。戦闘ではない、もうひとつの〝戦争〟が戦後日本人の心根のなかに巣食いつづけているのだ。

数多の日本人は、敗北による戦争終結に安堵した。だが、戦争はなくなったけれど、当然に変わるべきものが変わらなかった事実と向き合わざるを得なかった。もうひとつの〝戦争〟と抗さなければならないことを知るのに、さして時間はかからなかった。

敗戦決定のプロセスのなかで聖戦により天皇制とそれを支えた官僚制をはじめ、多くの戦前権力が生き残った。聖戦とは戦前権力が戦とスライドするための、極めて狡猾な政治戦略だったのだ。確かに天皇制を支えた軍事組織である旧陸・海軍は解体されはした。

だが、旧軍人たちは、一九五〇年七月八日の警察予備隊創設から始まる再軍備によって蘇生する。そこには数多の旧陸・海軍軍人が指揮官として復権していく。御真影や教育勅語などは流石に公式の場からフェイドアウトしたものの、君が代や日章旗はそのまま残り、やがて法律によって国旗・国歌となる日を迎える。

その意味でこれら残存した戦前の象徴は直接間接に戦前日本の原型を呼び戻す装置として機能する。フランス文学者の海老坂武は近年『戦争文化と愛国心――非戦を考える――』(みすず書房、二〇一八年刊)で現代日本に跋扈し、堂々と立ち振る舞う「戦争文化」の存在に警鐘を鳴らす。戦争へと数多の人びとを精神動員する装置がこの社会のあちらこちらに張めぐらされ、戦争への対抗力や非戦への思いを潰しにかかっている。

七年半にも及ぶ長期政権を敷いた安倍晋三元首相は、「戦前レジームからの脱却」を繰り返し口にした。それはまた、「戦争文化」の浸透力に依拠しつつ、戦前レジームへの回帰を図ろうとする赤裸々な野心の表明であった。

このように現在でもなお、いや現在だからかも知れないが、戦前への回帰に躍起になっている数多の権力者たちや、それを支持する人たちが、青年層をも含めて存在する。問題はその多くが、現実の戦争の非体験者であることだ。

家族史に限れば、恐らく今では父や祖父を通してしか戦争に触れることはない。歴史を時間に見立てれば戦争という時間は過ぎ去った歴史の一コマとなっている。けれど日本という一つの国家や日本社会という枠組みのなかでは、個人の体験を踏まえつつ、かつての戦争が必ずしも歴史の教訓の対象として充分には語られてはいない。それは、「戦争文化」の浸透と戦争を肯定しようとする権力者たちやこれを支持する人々が勢いを増しているからだ。戦争を語らなければならない時代に、まるでそれと反比例するように戦争の語り手が少なくなっているなかで、本書は貴重な面談記録である。

菅野さんが何故に戦争の語り手として首長や学校長を選ばれたのか。何よりも公職の身である面談者が真摯に戦争と向き合い公職者としての責任を全うされているはず、とする確信のようなものがあったからかも知れない。

「非戦」の対置語を「加戦」とすれば、公職者は「加戦」の立場に追いやられる可能性が最も高い職域に位置する。それゆえに公職者に的を絞られたのか。「反戦」とは戦争反対する強い意志と行動を示す言葉。「非戦」は、自覚とか勇気とかを示す用語。そうすると「非戦」の対置語としての「加戦」とは、戦争への誘いを拒否しようとする自覚や勇気の欠落を意味する言葉かも知れない。

これは私の想像に過ぎないが、そうした思いを何処かで抱かれながら、同時に戦争体験を様々な形で行政や教育に活かすことで、非戦の思想や未来を伝承する機会も多かろうとする思いがあったのかも知れない。

本書を通じて「非戦」の思いを新たにし、「加戦」を拒み、反戦の意識と行動へと繋げていき、平和実現の努力を重ねていきたいものである。本書は、そんな思いを強くさせてくれる。

纐纈　厚／一九五一年生まれ。日本近現代政治軍事史。現在、山口大学名誉教授、明治大学国際武器移転史研究所客員研究員。政治学博士。主著に『近代日本政軍関係史の研究』（岩波書店）、『文民統制とは何か』（同）、『日本降伏』（日本評論社）、『侵略戦争』（筑摩書房・新書）、『暴走する自衛隊』（同右）、『日本海軍の終戦工作』（中央公論社・新書）、『日本政治史研究の諸相』（明治大学出版会）、『戦争と敗北』（新日本出版社）、『戦争と弾圧』（同）など多数。

あとがき

夫が旅立ってから、心の底から、晴れやかな日は、ただの一度もありません。後に夫となる彼は、誰彼なく、私を「このひとはものを書くひとなのです」と、申していました。文章講座、通信による文章講座を受講しながら、時折、投稿文が新聞や硬派な週刊誌に載るだけですのに……。

学習の友社との縁は、『学習の友』二〇〇〇年八月号に私の文章が二ページ掲載されたことがきっかけです。本書の刊行にあたっては、学習の友社のみなさんから様ざまなご助力をいただいたほか、政軍関係史・近現代政治史の第一人者でいらっしゃる纐纈厚先生から推薦文をちょうだいでき、実に得難い運びとなりました。

いまの私は元気だった夫との日々のように、雲一点ない、抜けるような青空の心持ちになっています。

忘れてはいけません。

読者の方がいらしてこその本というものです。

書店で、図書館で、この本を手にとり、お読みくださる、お一人おひとりに、力いっぱいハグしたいと存じます。

二〇二一年八月一五日

菅野静枝

菅野静枝（すがの・しずえ）

1940年　東京下町生まれ。

高校卒業後、キャンペーンガール、テレビタレント、喫茶店店員、フランス料理店レジ係、遺跡発掘作業員、市場価格調査員、食品及び日常品の市場調査員、学習机販売員、書店非常勤役員などの仕事に就く。

1990年に62歳の菅野武と49歳で結婚、93年に夫が死去、一周忌の日より全国非戦行脚を始める。

私の非戦行脚

2021年9月21日　初版　　定価はカバーに表示

菅野静枝著

発行所　学習の友社

〒113-0034　東京都文京区湯島2－4－4

TEL03（5842）5641　FAX03（5842）5645

振替　00100-6-179157

印刷所　モリモト印刷

落丁・乱丁がありましたらお取り替えいたします。

ＩＳＢＮ　978－4－7617－0729－3　Ｃ0036